KB245495

알 | 기 | 쉬 | 운

기독교
CHAPEL
이해

유기연 저

대가

우리 민족의 정신과 삶 속에는 유교와 샤머니즘적 가치관이 깊이 스며들어 있다. 고려시대에 도입되어 조선시대에 전성기를 이룬 유교는 엄밀히 말해 생활철학이지만, 실제로는 한국인 삶의 대부분을 지배할 만큼 신앙의 대상으로까지 자리매김되어 있을 뿐 아니라 또한, 샤머니즘적 신앙도 우리 민족의 정신에 깊숙이 뿌리내려 있다는 것이다. 따라서 이러한 바탕 위에 기독교가 전래되어 정착하는 과정에서 유교와 샤머니즘의 영향을 많이 받을 수밖에 없었던 것은 지극히 당연한 일이라 하겠다.

짧은 선교 역사에 반해 한국 기독교가 놀라운 성장을 거듭하는 동안 유교와 샤머니즘의 영향을 받아온 결과, 한국의 기독교는 '유교적 기독교', '샤머니즘적 기독교'라고 표현해도 과언이 아닌 특성을 지니게 되었다. 다시 말해, 한국의 기독교에는 유교와 샤머니즘의 가치관이 독특한 기독교 가치관과 섞여 있다는 말이다. 따라서 한국의 기독교는 정통 기독교라고 단정지어 말할 수 없다. 즉, 유교와 샤머니즘이라는 기초 위에 세워진 건물이라고 보면 정확할 것이다. 이러한 특성 때문에 한국의 기독교는 기독교적 가치인 사랑과 나눔을 실천하는 모습보다는 권위적이고 기복적인 모습을 많이 띠게 되었고, 이러한 모습들은 대중들로부터 따가운 비난과 질책을 받게 하는 원인이 되었다. 이는 얼마 전 해외에 파견된 선교사들의 피랍소식에 걱정보다는 오히려 비판적이었던 여론을 보면 알 수 있을 것이다.

그렇다면, 왜 한국 교회가 이렇듯 대중들의 지탄을 받게 되었을까? 그것은 한국의 기독교가 진정한 기독교 가치관으로 정착되기보다는 유교와 샤머니즘적인 요소를 안고 정착되어 왔기 때문이라고 본다. 그러므로 이제 한국 교회는 교회 안에 교묘히 스며들어 있는 유교적이고 샤머니즘적인 요소들을 분별해서 그것들을 제거해낸 후 성경적인 기독교의 가치관을 교회에 새롭게 적용하고 정립해나가기 위한 노력을 해야 할 시점에 놓여 있다고 생각한다.

필자는 평소에, 한국 교회가 안고 있는 문제의 근원에는 한국의 기독교가 기존 종교와의 관계 속에서 자신의 정체성을 제대로 유지하고 정립하지 못한 데 있다고 생각해 왔다. 또한, 대학에서 채플과 기독교 이해 과목을 가르치는 중에 기독교에 대한 학생들의 부정적인 선입견과 편견을 접하게 되면서 한국 기독교의 정체성을 분명히 하고 이를 통해, 한국 교회가 진정한 기독교로 거듭날 수 있도록 하는 것이 시급한 과제라는 막중한 책임감을 느끼게 되었다. 이에, 한국 교회 안에 잔재되어 있는 유교와 샤머니즘적인 요소들 및 타 종교의 특성을 간략하게 소개함으로써 기독교의 진정한 모습을 비교해 보고 나아가, 기독교의 가장 기본적인 핵심이 무엇인지를 학생들에게 알려 주고자 이 책을 내게 되었다.

이 책은 교회를 이미 다니고 있는 그리스도인들보다는 아직 교회를 잘 모르는 대학생들을 위한 것으로서 기독교의 전체적인 내용보다 기독교의 기본 진리에 해당되는 부분만을 간략하게 소개하였다. 기독교에 대해 부정적인 생각을 가지고 있거나 기독교의 진리에 궁금함을 가진 사람들에게 도움이 되었으면 한다.

2010년 1월
저자 씀

차 례

제 1 부

채플 이야기

1

채플(Chapel)이란?

채플(chapel)이라는 말은 중세 라틴어 cappella(까뻬라)와 후기 라틴어 cappa(까빠)라는 말에서 유래하였였는데, 그 뜻은 cloak, 즉 겉옷을 의미한다. 13세기 프랑스 뚜르(Tour)의 성인 마틴(마르티노, Martin) 사후에, 성인이 평소 입었던 겉옷을 보관하기 위하여 작은 예배당을 지었는데 그것을 '까뻬라' 라고 부르게 되었고, 그로부터 '채플(chapel)' 이라는 용어가 쓰이게 된 것이다.

채플은 주로 개인적인 목적을 위해 예배를 드리는 장소를 의미해왔다. 즉, 교회보다는 작은 규모로서 어떤 주택가나 혹은 기관 등의 건물 또는, 학교나 대학에서 예배를 위해 모이는 장소를 지칭하며 다시 말해, 기독교신자들의 친교와 예배를 위한 장소로 사용하는 건물을 통칭하고 있다고 하겠다. 이에 따라 채플은 특정 시설에 부속되어 있는 경우가 많은데 성당이나 학교, 병원, 궁전, 교도소, 공동묘지 또는 완전히 독립되어 있는 자치적 건물 등과 같은 시설에 딸려 있기도 하고 때때로 개인 소유의 영토 안에 경당으로 지어지기도 하였다. 또한, 채플은 학교나 대학에서 드리는 예배 자체를 뜻하기도 하며, 기독교의 역사나 성경을 연구하는 일련의 교과수업도 역시 채플이라 칭하고 있다(출처: 웹스터의 Ninth New Collegiate Dictionary, 위키백과 사전).

이렇듯, 채플이라는 용어는 관공서, 대학, 병원, 교도소, 회사 등에서 기독교의 진리를 전파하거나 예배를 드리기 위해 모이는 장소 또는 모임 둘 다를 지칭함으로써 그 쓰임새가 매우 다양함을 알 수 있다. 다만, 그 규모에 따라 모임의 성격이나 형태가 구분될 수 있는데, 규모가 작은 채플일 경우에는 주로 예배드리고 성경말씀을 배우거나 기도모임을 갖는 반면, 규모가 큰 채플일 경우에는 지역교회의 예배와 유사한 형식의 예배를 드리기도 한다.

우리나라에서는 주로, 기독교 대학에서 학생들을 위해 예배드리는 수업 (대부분의 경우 교양필수과목으로 채택하고 있는 수업)과 대학 안에 예배를 드리기 위해 지은 건물을 채플이라고 부르고 있다.

1 대학 채플

대학 채플이란, 기독교 대학에서 학생들을 대상으로 일정 학기 동안 이수하도록 개설하여 예배를 드리는 수강과목의 명칭이다. 각 대학마다 약간의 차이가 있긴 하지만 일반적으로, 교양필수로서 학점은 없고, 이수하면 P(패스pass)를 주되 이수하지 못하면 F학점을 준다. 단, 이수해야 할 학기 동안 P를 받지 못하면 졸업에 지장이 있기 때문에, F학점을 받은 학생은 졸업하기 전까지 이수 학기를 채워야만 졸업할 수 있다. 이처럼 대학 채플은 교양필수과목이기 때문에 학생들이 이미 믿고 있는 종교가 있거나 또는, 믿는 종교가 없는 학생일지라도 개인의 종교적 성향을 무시한 채 무조건 강요하는 특성이 있어서 기독교신자가 아닌 학생들에게는 그에 대한 부담이 적지 않을 뿐 아니라, 이에 따른 학생들의 부정적 반응이 점차 확대되고 있는 실정이다. 이런 측면에서 볼 때, 대학 채플은 이제 전통적인 예배의 형태를 고집하는 것에서 벗어나 젊은 대학생들에게 맞는 색다른 모습으로 변화되어야 할 시기에 놓여 있다고 본다. 즉, 기독교신자가 아닌 대학생들이 채플을 드리는 시간에 집중하지 못하고 있는 것에 대한 처방이 절실하게 필요해진 것이다. 이에 따라 그 대안으로서 대학 채플은 전통적인 기독교적 예배형식을 탈피, 젊은이들에게 공감할 수 있는 다양한 형태의 예배, 즉 드라마나 영화를 상영하거나 연예인들을 초청하여 예배를 드리는 등의 변화를 꾀하고 있다.

이러한 변화의 움직임은 매우 바람직한 시도라고 본다. 기독교를 전파하기 위해 만들어진 채플이 오히려 기독교에 대한 반감만 일으키게 하는 채플이 되어서는 안될 것이기 때문이다. 그러므로 기독교신자가 아닌 대학생들에게 채플을 통해 기독교를 이해시키고 나아가, 예수 그리스도를 전하는 채플이 되도록 하기 위한 새로운 발상의 전환과 노력이 시급히 필요하다 하겠다.

2 신우회

기독교신자들이 학교가 아닌 병원이나 일반 기업체에서 소규모로 모여 예배를 드리는 경우에는 채플이라는 용어 대신 '신우회'라고 하는데, 이와 같은 신우회도 넓은 의미에서 볼 때 채플의 한 종류라고 할 수 있다. 보통, 신우회는 이미 교회를 다니고 있는 신자들이 같은 직장을 다니는 또 다른 신자들과 교제하거나 예배를 드리기 위해서 그리고 나아가, 직장 동료들에게 기독교 복음을 전파하기 위해 모임을 갖는다.

필자가 속한 학교(안산공과대학)에도 매주 수요일 오전 11시에 전 교직원들을 대상으로 하는 신우회 모임이 있다. 우리 학교 신우회 모임의 목적은 기독교 대학의 정체성을 회복하고 아직 예수 그리스도를 모르는 교직원들에게 복음을 전하는 것으로서 여기에는 누구나 참여할 수 있으며 억지로 예배드리도록 강요하지 않는다는 특징이 있다. 그 형식에 있어서는 지역교회에서 드리는 예배와 비슷한 형태로 진행함에 따라 찬양과 교제 그리고 설교 등이 포함된다. 특히, 우리 학교 신우회의 대표적인 특징이자 좋은 점으로는 교제의 의미를 강조하고 실현하고 있다는 점을 들 수 있다. 즉, 예배 중에 모두 자리에서 일어나 참석한 모든 사람들이 일일이 돌아가면서 따뜻한 인사를 나누는 교제 시간을 갖고 있어서 회원들의 우의를 두텁게 하고 있는데, 이에 대한 회원들의 만족과 호응도 매우 큰 것으로 나타나고 있다. 또한 예배 참석자들 가운데 매주 한 명을 선정하여 칭찬과 격려를 하고 선물도 나누고 있다. 선물 전달 시간은 기독교의 나눔을 실천하기 위한 목적으로 진행하고 있는 만큼, 받는 이의 즐거움뿐 아니라 선물을 마련하는 대학 측에도 의미가 있는 뜻 깊은 시간이다. 또 한 가지, 생일 축하 순서가 있는데, 매월 한 번 그달에 생일이 있는 사람들에게 생일축하 카드와 케이크 그리고 작은 선물을 생일축하 노래와 함께 전달하는 시간이다. 매월 반복되는 순서지만 생일을 맞은 이에겐 잊을 수 없는 감동이 되고 축하해 주는 이들도 진심으로 기뻐하며 축하해 주는 행복한 시간이 되고 있다. 이처럼 우리 학교 신우회는 예배를 통해 기독교의 기본 정신인 사랑을 실천하는 아름다운 공동체로서 자리매김하고 있다고 자부할 수 있겠다.

지금까지 살펴본 바와 같이, 우리 학교 신우회는 지역교회에서 드리는 예배 형태와 유사하면서도 직장 내에서 드리는 예배라서 적용가능한, 약간은 색다른 차이를 매우 효과적으로 활용하고 있다고 하겠다. 이처럼 신우회는 직장의 사정과 형편에 따라 예배 순서를 변형할 수 있는데, 지역교회에서 목회하는 목회자들을 초대해서 말씀을 듣거나 또는 많은 그리스도인들에게 귀감이 되는 분들을 초청해서 말씀을 들을 수도 있고 다양한 프로그램을 해당 학교나 회사, 기관 등의 여건에 맞춰 진행할 수도 있다.

2. 한국 기독교 대학의 채플 현황

우리나라에는 기독교 정신을 바탕으로, 기독교 복음의 전파와 선교적 목적을 이루기 위하여 창학된 학교들이 많다. 근대사를 보면, 우리나라에 근대교육이 시작된 19세기 후반 설립된 학교의 설립자들 대부분이 서양의 선교사들이었음을 알 수 있다. 즉, 당시 다수의 고등교육기관들이 기독교 정신을 근본으로 하여 설립되었고 이들은 후일 기독교 대학의 모태가 되었다. 이들 대학들은 창학이념을 실천하는 방안으로써, 학생 대상의 채플 시간을 정해 예배를 드리기 시작했다. 이렇게 시작된 채플은 대학에서 기독교 복음 전파에 많은 기여를 하였고, 이를 통해 비신자가 기독교 신자가 되거나 개종하는 사례도 증가하였다. 위의 사실을 미루어 볼 때, 기독교를 국교로 하지 않았음에도 우리나라의 기독교신자가 상대적으로 많다는 것은 이러한 교육기관을 통한 선교활동의 결과라고 해도 과언이 아닐 것이다. 그러나 세월이 흘러 현재에 이르러서 커다란 변화가 일어나고 있고 그 변화의 내용과 속도는 매우 우려할 만한 상황이라 아니할 수 없을 정도가 되었다. 즉, 채플 수업에 임하는 학생들의 태도와 반응이 매우 부정적으로 변하게 되었고, 일부 기독교 대학에서는 종교의 자유를 억압한다는 학생들의 목소리가 커지기 시작한 지 벌써 오래되었다는 것이다. 최근 기독교 대학에서의 채플은 과연 어떠한가?

대다수 기독교 대학에서는 채플을 교양필수 과목으로 개설하여 학생들로 하여금 반드시 수강하도록 하고 만일 한 학기라도 학점을 이수하지 못하면 졸업을 시키지 않도록 되어 있다. 채플 학점은 없으며 이수하면 P학점, 이수하지 못하면 F학점을 부여한다. 대부분의 대학 채플은 많은 학생들이 동시에 큰 공간에 모여 예배를 드리는 형식으로 진행되는 것이 일반적인데, 그러다 보니 기독교신자가 아닌 학생들에게는 심리적인 부담을 주는 과목이기도 하다. 그래서 일부 기독교 대학에서는 기독교인을 위한 채플과 비기독교인들을 위한 채플로 분리해서 운영하기도 하지만, 많은 학생들을 대상으로 종교행사를 하고 있다는 점에서는 별반 다르지 않다. 이러한 강제성으로 인하여 채플 예배의 분위기는 심각한 지경으로 치닫고 있다. 예배에 무관심한 학생들은 아예 잠을 자거나 옆 사람과 잡담을 하기도 하는데, 몇 년 전부터는 채플에 참여하는 학생들의 대부분이 mp3 플레이어로 음악을 듣거나 핸드폰으로 문자를 보내고 또는 소형노트북으로 영화를 감상하기도 하며 심지어는 컴퓨터게임이나 닌텐도게임까지 하는 사례들이 현저하게 증가하고 있는 실정이다. 이와 같이 채플에 무관심한 태도는 채플 수업 진행에 많은 어려움을 줄 뿐 아니라 채플의 근본취지와 목적을 오히려 거스르는 결과를 만들고 있다는 데 더 큰 문제가 있다고 하겠다. 채플의 근본 목적이 기독교의 진리를 전파하고 하나님께 예배드림을 통한 기독교의 폭넓은 전파임에도 불구하고, 오히려 채플이 이러한 목적을 방해하고 있는 현실에 대한 안타까움이 크다. 물론 모든 기독교 대학의 채플이 다 위와 같이 심각한 실정은 아닐 것이고 사실 일부 신학대학의 채플은 그렇지 않다. 하지만 대부분 기독교 대학의 채플은 참석하는 학생들로부터 환영받지 못하고 있으며 지루하고 불필요한 과목으로 인식되고 있는 것이 현실이다. 이제, 기독교 대학의 채플이 새로운 변화를 추구해야 할 때에 와 있다. 즉, 교회에 다니지 않는 많은 대학생들을 대상으로 한 채플을 통하여 기독교를 소개하고 복음을 제시할 수 있는 새로운 모델이 시급한 실정인 것이다. 이제, 채플을 통하여 오히려 기독교가 외면당하거나 무시당하는 모순을 극복하고 기독교에 대해 긍정적인 생각을 갖도록 도와주는 채플이 될 수 있도록 해야 할 것이다.

3. 우리 학교 채플 이야기

우리 학교(안산공과대학)는 '국가발전의 시대적인 요구에 부응하여 **그리스도의 사랑과 봉사정신**을 바탕으로 지성과 덕성을 겸비한 국제적 수준의 고급인재를 양성하기 위하여 산학협동의 구체적 실현을 통한 선진국가로의 진입에 기여함은 물론 범세계적인 학술·문화·기술교류에 이바지한다.'는 창학이념 하에 설립되었다. 이에 따라 우리 학교는 그리스도의 사랑과 봉사정신을 바탕으로 지성과 덕성을 겸비한 인재를 양성하기 위하여 많은 노력을 기울이고 있으며 이러한 창학이념을 실질적으로 실현하기 위하여 채플 수업을 개설하고 학생들을 참여시키고 있다.

우리 학교 채플은 위에서 소개한 일부 기독교 대학에서 실시하고 있는 채플 방식과는 많은 차이가 있다. 결론적으로 말하면, 대학생들이 가지고 있는 기독교에 대한 부정적인 시각을 채플을 통해 긍정적인 시각으로 변화시키고 나아가, 예수 그리스도의 복음을 받아들여 구원에 이르도록 돕는 것을 목적으로 삼고 또한, 채플 시간에 예수 그리스도를 영접한 학생들을 지역교회로 인도하여 신앙생활을 꾸준히 할 수 있도록 돕는 데 그 목표를 두고 있다. 이러한 목적과 목표를 이루기 위하여 안산이나 가까운 지역에서 목회하는 목회자들을 채플 강사로 초빙하여 수업의 다양성을 기하고 있는데, 이어서 우리 학교의 채플을 간단하게 소개하고자 한다.

교양선택

교양선택으로 운영되는 우리 학교 채플은 학생들에게 선택의 자유를 줌으로써, 억지로 채플에 참석시키는 강제성을 배제하였다. 이는 타 기독교 대학의 채플이 대부분 교양필수로 운영되고 있다는 점과 가장 차별적인 특징이라고 하겠다. 학점도 2학점을 부여해서 타 기독교 대학 대부분이 학점을 부여하지 않고 있는 것에 비해 학생들에게 유리하게 적용하고 있다. 또한 많은 학생들을 대상으로 전체 예배를 드리는 형태와 달리 한 개 반(다른 교양과목 학생수인 약 35명의 학생)으로 되어 있는데 이는 보통 대단위의 채플이 학생들에게 심리적 부담을 주는 것을 상당 부분 해소해 줄 뿐만 아니라 교육적 효과에도 매우 긍정적인 결과를 주는 데 크게 기여하고 있다. 2009년 현재 우리 학교 채플에서는 9명의 목회자들이 12개 반을 가르치고 있다. 한 학기 16주 동안 일반 교양선택과목과 똑같은 형태로 일반 강의실에서 수업을 하고 있는데, 학생들은 교양선택과목으로서 2학점을 이수할 수 있는 데다, 예배실이 아닌 강의실 수업이라서 심적 부담감이 적은 때문인지 많은 학생들이 자발적으로 수업을 선택하고 있으며 그 참여도도 매우 높은 것으로 평가되고 있다. 이는 2009년 2학기에 실시된 설문조사 결과, 가장 듣고 싶은 과목 1순위로 집계된 것으로도 검증되었다.

2 관계 중심적 채플

지역교회 목회자들을 초빙함으로써 채플의 형식성과 그로 인한 부작용을 상당 부분 해소할 수 있었는데 그중 가장 중점을 둔 것이 바로 관계 중심적 채플을 만드는 것이었다. 즉, 목회자들이 채플 참여 학생들을 진정한 그리스도의 사랑으로 섬기며 기독교의 기본 진리를 전함으로써 많은 성과를 거두고 있다. 이를테면, 타 기독교 대학에서 드리는 예배에 학생들이 부정적인 반응을 보이고 있다는 점을 감안하여 우리 학교 채플은 예배를 드리지 않는 대신, 예배가 아닌 다른 방법으로 채플을 운영하고 있다. 채플을 맡은 목회자들은 각자 자신의 전공이나 장점들을 최대한 활용하여 학생들에게 마음껏 기독교 진리를 소개하고 있으며, 예배 형식이 아니기 때문에 학생들은 부담 없이 그 내용들을 수용할 수 있는 것이다. 그리고 학생 수가 35여 명으로 소규모이기 때문에 목회자와 학생들이 개인적인 친분을 맺는 데 어려움이 없고, 채플 담당 목회자들도 수업 시간만큼은 목회자나 교수의 신분보다는 평범한 모습으로 수업을 진행하고 있다. 비록 예배를 드리지 않는 채플 수업이라고 하더라도, 눈에 띄게 권위적인 목회자들의 모습에 학생들이 거부감을 느낄 수 있다는 점을 고려하여, 모든 목회자들이 평범하고 친근한 모습으로 수업에 임하게 하고 있는 것이다. 채플 시간에 다루는 내용 역시 기독교적인 성격이 강한 것을 처음부터 너무 많이 나누지 않도록 그 내용과 속도를 조절하면서, 학기 초반에는 교수와 학생 간의 편안한 신뢰 관계 형성에 주력하고 있는데 일단 교수와 학생들 사이에 개인적인 친밀함이 맺어지게 되면 학기 후반부터는 조금씩 부담스럽지 않을 정도로 기독교의 기본 진리를 소개하기 시작한다. 이와 같이 관계 중심적 수업 방식으로 채플을 진행한 결과, 학생들의 반응이 매우 긍정적으로 나타남으로써 우리 학교 채플의 새로운 시도가 매우 성공적이었음을 확인하게 되었다. 즉, 수업을 통해 기독교에 대해 긍정적인 인식을 갖게 된 학생들이 많아졌고, 목회자들에게 갖고 있던 부정적인 선입견들도 없어져 오히려 호감을 갖게 된 것이다. 이에 따라, 수업을 마친 학생들은 친구들에게 다음 학기에 채플을 수강하라고 권하기까지 할 정도로 채플에 대한 인식이 바뀌었다. 단지 예배 형식을 취하지 않고 비기독교신자들로 구성된 학생들에게 맞춰서 진행한 것뿐인데 그 결과는 기대 이상으로 나타나고 있다. 이러한 성과에 힘입어서 우리 학교 채플은 앞으로도 더 좋은 채플 운영 프로그램이 있다면 언제든 수용하여 꾸준히 나아갈 것이며 또한, 이러한 사례가 타 대학의 채플에도 전파되어 학교 채플의 본래 목적을 이루어가는 데 도움이 되었으면 한다.

3 열린 채플

열린 채플이란, 채플 수업의 내용과 수업 방법에 있어서 어떤 종류의 제한도 없이 다양한 내용과 방법을 적용하는 것을 의미한다. 통상적으로 어떤 과목이든 한 학기 동안 다루어야 할 교과 내용이 미리 정해져 있고 이는 교과목 이름에 이미 제시되어 있어서 과목 이름만으로도 무엇을 배우게 될지 알 수 있다. 하지만 채플은 다른 일반 과목에 비해 다루는 내용에 있어 정해진 것도 없고 그 범위도 매우 넓게 열려 있다. 단, 전체적인 일관성은 유지되어야 하는데 그것은 바로 기독교 기본 진리의 소개이다. 만약, 이것이 빠지게 된다면 채플의 존재 의미가 사라질 것이기 때문이다.

그렇다고 해서 기독교 진리만을 가르치는 것은 물론 아니고, 다만 기독교 진리를 소개하기 위한 기초단계로서 기독교 진리를 제외한 기타 수업 내용이나 방식에 제한을 두고 있지 않다는 것이다. 다시 말해, 채플 수업 시간에 다루는 내용들은 기독교 진리를 소개하기 위한 기초 작업이라고 말할 수 있겠다.

채플의 교과 내용을 자유롭게 구성하는 것은 이미 말한 바와 같이, 외부에서 초빙한 목회자들의 다양하고도 독특한 전문성을 활용함으로써 가능해졌다. 목회자들은 기본적으로 신학을 전공하면서 필요에 따라 개인적으로 부전공 과목을 공부하는데, 이로써 신학 이외에 여러 방면의 지식과 경험 그리고 다양한 분야의 전문성을 갖추게 된다. 채플 담당 목회자들 가운데는 교육학이나 상담학 전공자, MBTI 전문가 또는, 컨설팅이나 코칭 전문가 심지어 체육학 전공자도 있다. 이렇게 다양한 분야의 전문성을 갖춘 목회자들이 가르치도록 하고 있기 때문에 채플은 수업 내용에 있어서 무한히 열려 있고 자유롭다고 할 수 있다.

그렇다면 왜 내용을 자유롭게 하였을까? 이미 언급한 바대로, 기독교의 기본 진리를 소개하기 위함에 그 근본적인 이유가 있다. 대학생들의 종교적 배경은 보편적으로 볼 때, 비기독교인들의 비중이 기독교인들에 비해 매우 높다. 따라서 채플을 수강하는 학생들의 대다수가 비기독교인인 경우가 일반적인데, 이러한 학생들에게 기독교의 기본 진리를 처음부터 소개한다면 어떻게 반응할지 그 결과는 명약관화한 일이다. 몹시 지루해하거나 아예 외면하지 않겠는가! 바로 이러한 부작용을 줄이고 실질적으로 학생들에게 도움을 주는 채플 수업이 될 수 있도록 하기 위해서 열린 채플이 필요한 것이다. 즉, 기독교의 진리를 소개하기에 앞서 학생들에게 채플 수업이 편안하고 부담 없는 과목임을 알게 하고 나아가, 심리상담이나

MBTI 검사 등을 활용하여 학생들의 고민과 고충을 들어서 자기관리나 인간관계, 건강한 대학생활 등에 대한 상담과 아울러, 진로선택과 준비를 위한 자문을 해 주기도 하는 등의 활동을 통해 학생들이 유익해지도록 실질적으로 돕는 것이다.

채플에서 다루는 내용이 자유롭게 열려 있다면 그것을 전달하는 방법도 자유롭게 열려 있어야 함은 당연한 일이다. 따라서 채플 담당 목회자들은 각자의 전문성과 능력을 하나라도 더 전달해 주고자 하는 마음으로 연구에 연구를 거듭하고 있다.

4 즐거운 채플

우리 학교의 채플을 기획하고 총괄하는 책임자로서 채플 수업을 위해 초빙된 목회자들에게 누누이 강조하고 있는 것은 바로 '채플은 즐겁고 행복하며 느낌이 좋은 수업이어야 한다.' 는 것이다. 채플은 절대로 지루하거나 지겨운 시간이 되어서는 안 된다는 것이 필자의 생각이다. 왜냐하면 채플은 기독교의 기본 진리를 소개하는 수업인데, 누구든지 지루하고 지겨운 느낌을 받는다면 아무리 좋은 것을 접해도 마음을 열고 받아들이지 않지만 반대로, 즐겁고 유쾌하고 행복한 느낌을 주는 강의라면 저절로 마음이 열려서 기독교의 진리를 이해하고 받아들이게 될 것이기 때문이다. 채플은 마음을 여는 수업이다. 마음을 열기 위해 필요한 것은 즐거움이고 행복함이며 좋은 느낌을 받도록 해 주는 것이다. 따라서 채플 목회자들은 반드시 수업 시간 내내 학생들이 이러한 느낌을 가질 수 있도록 노력해야 한다. 이렇게 할 때 가르치는 목회자들이나 학생들은 만족할 수 있고, 그렇지 않으면 실패할 것이다. 그렇다면 어떻게 해야 학생들의 마음을 열게 하고, 그들에게 즐거움을 줄 수 있을까?

유머와 센스 그리고 학생들의 마음을 이해하려고 하는 목회자들의 열려 있는 마음 자세가 있어야 가능할 것이다. 즉, 먼저 다가서려고 하는 마음 자세가 채플을 성공적으로 이끄는 열쇠라고 할 수 있다. 학생들을 끊임없이 사랑하고 용납하며 감싸주려고 할 때 학생들은 만족하고 마침내 즐거운 시간으로 인정하게 될 것이다. 이제, 지루하고 지겨운 채플은 더 이상 한국의 기독교 대학에서 사라져야 한다.

5 기독교 기본 진리의 소개

채플의 진정한 목표는 기독교의 기본 진리를 소개하고 나아가, 예수 그리스도를 알게 하며 그분을 마음에 영접시키는 것에 있다. 예수님을 영접한다는 것은 하나님의 자녀가 됨을 의미한다. 하나님이 가장 기뻐하는 것은 예수님을 영접하여 하나님의 자녀가 되는 것이 아닐까! 그러므로 대학 채플이 예배드리는 행위 자체에만 그 목적을 두지 않고, 한 영혼을 천하보다 소중하게 여기는 하나님의 마음으로 예수님을 알게 하고 그분을 영접하게 함으로써 하나님의 자녀로 삼는다는 진정한 목표를 위해 존재할 때, 비로소 그 의미와 가치가 제대로 실현되는 것이라 하겠다.

그런 의미에서 우리 학교의 채플은 이러한 목표를 실현하는 채플이라고 말하고 싶다. 우리 학교의 채플은 학생들을 섬기고 사랑하면서 관계지향적 채플, 열린 채플, 즐겁고 행복한 채플을 통해 예수님을 소개하고 영접할 수 있도록 하고 있다.

채플은 교회가 아니다. 당연히, 한 학기에 단 16주 동안만 만날 수 있다는 한계가 있다. 따라서 기독교의 많은 진리를 모두 소개할 수도 없을 뿐더러 성장 훈련이나 성경 공부 또는 기도 시간 등을 심도 있게 진행하기가 사실상 불가능하다.

이러한 제약을 감안해 볼 때, 결론적으로 기독교의 기본 진리를 소개하고 예수 그리스도를 알리며 그분을 영접하게 함으로써 하나님의 자녀 삼는 것을 채플의 주된 활동목표로 설정하는 것이 적절하며 이를 충실하게 실행하는 것이 오히려 최적의 효과를 보장해줄 것이라는 생각을 하게 된다.

채플 수강생들에게 기독교의 심오하고도 방대한 진리를 가르친다고 해서 제대로 이해할 수도 없을 것이므로 예수님이 누구시며 왜 십자가에서 못 박혀 돌아가셨는지를 이해시키고 그분을 영접하게 하는 것만으로도 어쩌면 채플의 목적을 달성했다고 할 수 있을 것이다. 그러므로 아직 기독교에 대해서 모르는 학생들에게 채플 수업을 통하여 기독교의 가장 기본적인 진리를 전달하고 나눌 수 있다면 그것이 바로 기독교 대학이 해야 할 사명이 아닐까 싶다.

우리 학교 채플은 기독교 대학의 사명을 바로 알아 제대로 적용하고 있다고 자부한다. 기독교 기본 진리를 소개하고 알게 하는 것 나아가, 예수 그리스도를 영접할 수 있도록 돕는 것이 우리 학교 채플의 목표이다.

6 지역교회와의 연계

우리 학교 채플의 목표로서 신앙을 갖지 않은 학생들을 지역교회로 인도하는 것도 매우 중요한 과제로 꼽힌다. 채플 수업을 통해 기독교의 진리를 가르치고 예수님을 알게 함으로써 신앙생활을 할 수 있도록 돕는 것을 또 하나의 목표로 삼고 있다. 이러한 목표의 실행방법 중 하나로서 우리 학교는 학생들을 효과적으로 지역교회로 인도하기 위해, 안산이나 안산 인근에서 목회활동을 하고 있는 목회자들을 채플 교수로 초빙하여 수업을 맡기고 있다. 이로써 채플 수업 시간에 만난 학생들이 목회자가 시무하는 교회로 자연스럽게 인도될 수 있기 때문이다.

평소, 교회를 접하지 못한 젊은 대학생들이 교회의 문화에 쉽게 적응하기란 아마도 쉽지 않을 것이다. 특히 가족의 종교적 배경이 기독교가 아닌 경우에는 더욱 그렇다. 다행히도 교회에 한두 번 다녀본 경험이 있다면 그나마 교회문화에 그리 어렵지 않게 적응할 수 있겠지만 교회문화가 사회문화와 다른 부분이 많을 뿐더러 요즘처럼 빠르게 변화하는 시대에는 더욱더 그 괴리감이 클 것이다. 이러한 문제점에 착안하여 교회에 쉽게 적응하고 정착할 수 있도록 돕는 방법으로서 지역교회와의 연계 프로그램을 마련하게 된 것이다. 이는 학생들이 교회를 가고자 할 때 자신을 가르쳤던 교수님이 목회하는 교회로 가는 것이 전혀 모르는 교회로 나가는 것보다 훨씬 수월하기 때문이다. 지역교회 목회자들이 채플을 가르치도록 하는 것이야말로 교회에 대한 학생들의 심리적 거리감을 줄이고 교회에의 접근성을 높이는 데 그 효과를 다할 수 있을 것이라 기대하고 있다.

2

채플 수업 들어가기

채플에 들어오신 여러분을 환영합니다.

이제 여러분은 16주 동안의 즐거운 채플 여행을 떠나게 될 것입니다. 채플 수업에 들어오기 전 여러분은 아마도 '기독교 수업이니 예배드리고 찬송 부르고 기도할 건 뻔한데, 난 그런 거 할 줄도 모르고 어쩌지?' 하는 걱정도 하고, 또 교회에 나가야 하는 것은 아닌지도 궁금했을 것입니다. 하지만 아무 염려 마십시오. 예배드리거나 찬송만 불러서 여러분을 지루하게 만드는 채플은 없을 것입니다. 이제부터 여러분은 편안하고 즐거운 채플을 경험하게 될 것입니다. 채플 수업은 자유롭고 편안하게 여러분을 맞이할 것입니다.

이제, 즐겁고 행복한 채플 여행을 떠나보겠습니다.

    사람들은 많은 관계를 맺고 살아간다. 관계를 맺는 데 필수적인 요소는 의사소통이며, 의사소통에서 가장 많이 사용되는 것은 대화이다. 대화란 자신의 생각이나 느낌을 상대방에게 전달하기 위해 사용하는 언어의 표현이다. 물론 대화가 아닌 간접적인 방법으로도 의사를 전달할 수 있는데, 그 대표적인 것이 글이고 이외에 편지, 문자, 영상 등도 사용되고 있다. 그러나 가장 많이 사용되는 의사소통 방식은 역시 말을 이용한 대화이다. 가족, 친구, 교회, 연인, 강의실 등 사람과 사람이 만나는 곳에서는 반드시 대화가 있게 마련이다. 이때 대화는 상대와 쌍방향적으로 이루어져야 하므로 혼자 하는 말은 대화가 아닌 독백이라고 한다. 이처럼 대화는 말을 들어주는 상대가 반드시 있어야 하는데, 들어주는 상대가 없다면 대화라고 할 수 없다. 그런데, 대화는 만나는 모든 사람들과의 관계를 가깝게 해주기도 하지만 때론 갈등을 일으키기도 한다는 점을 간과해서는 안 된다. 즉, 말하는 법도 중요하지만 말을 잘 듣는 법이 더 중요하다는 것 그리고 상대의 말을 잘 들어주기만 해도 관계는 잘 맺어지지만 그렇지 않으면 갈등을 초래하게 된다는 것을 기억해야 한다. 이와 같이 자신의 의견을 말로써 전달할 때 요구되는 것이 듣는 사람의 경청이다. 경청은 말하는 사람의 말을 주의 깊게 잘 들어 주는 것을 뜻하는데, 경청을 하면 의사소통도 원활하게 된다. 그러나 말을 주의 깊게 듣지 않으면 의사소통이 되지 않으며 그뿐 아니라 오히려 말하는 사람의 자존심을 상하게 해서 관계를 악화시킬 수도 있다. 이처럼 경청은 원만한 인간관계를 맺는 데 매우 중요한 태도이며 만약, 경청의 자세를 갖추지 않게 되면 원만한 관계 형성이 어려워진다는 인식이 필요하다.

채플 수업에서도 경청이 요구된다. 사실, 채플 수업뿐만 아니라 모든 수업에서도 반드시 경청을 해야 하고 나아가, 수업뿐만 아니라 모든 인간관계에서도 경청은 꼭 필요하다. 이제 본격적인 수업에 들어가기 전에 경청을 좀 더 상세히 이해해 보도록 하자.

경청은 말하는 사람의 말을 잘 들어주는 것을 의미한다. 말하는 사람의 말을 주의 깊게 잘 들어줄 때 말하는 사람은 자신의 인격이 존중받고 있음을 느끼게 됨과 동시에 자신의 말을 주의 깊게 잘 들어주는 상대방의 인격에 대해서도 긍정적으로 인정하게 된다. 이처럼 경청은 말하는 사람의 말을 잘 들어주는 행위로서, 경청을 하게 되면 말하는 사람의 인격이 존중됨과 동시에 듣는 사람의 인격도 높이게 되며 결과적으로, 말하는 사람과 듣는 사람의 인격이 함께 존중되는 것이다. 따라서 경청의 진정한 의미는 상대방의 말을 잘 들어주는 과정을 통해 서로의 인격을 동시에 존중해 주는 행위라고 할 수 있으므로 경청은 상호간 인격존중의 표현이라 할 수 있다. 만약, 자신의 말을 상대방이 주의 깊게 듣고 있지 않는다고 생각하면 자신의 인격이 무시되었다고 느껴서 상대방의 인격도 무시하게 될 것이고, 감정적으로도 화가 나서 그 사람과는 더 이상 말을 하고 싶지 않게 될 수도 있다. 반대로 상대방이 자신의 말을 주의 깊게 듣고 있다면 인격존중의 느낌을 받게 되므로 대화가 즐겁게 될 뿐만 아니라 그 관계도 친밀해질 것이다.

● 경청의 예

필자가 우리 학교에서 실시하고 있는 제2기 해외단기선교여행팀을 이끌고 필리핀에 갔을 때의 일이다. 어느 박물관에 견학을 갔는데 박물관장이 직접 나와서 박물관에 대한 간략한 소개를 해 주게 되었다. 박물관장은 외국의 대학에서 단체로 방문한 손님들에게 예의상 잠깐의 시간만을 내어줄 계획이었다. 그런데 우리 단기선교팀은 선교를 떠나기 전 경청에 대해 훈련을 받은 상태라 박물관장의 말에 모두 집중해서 경청을 하고 있었다. 경청하는 학생들을 본 박물관장은 대단히 흐뭇해하면서 우리 단기선교단원들이 경청을 매우 잘 해 주고 있다고 칭찬하기를 몇 번 씩이나 아끼지 않았다. 그러더니 결국은 이처럼 경청을 잘 해주는 사람들은 처음 만난다면서 간단한 소개로 마치려던 계획을 바꿔서 박물관 견학 전체를 본인이 직접 안내해 주었다. 즉, 박물관장은 간단하게 박물관 소개만 하고 전문 가이드에게 우리 팀을 맡기려고 했었지만 경청을 하는 우리 팀의 모습에 감동을 받고는 전문 가이드 대신 본인이 직접 모든 가이드를 했던 것이다. 우리가 한 일이라고는 경청이라는 한 가지뿐이었는데도 한 사람을 깊이 감동시키기에는 충분했던 것이다. 이것이 바로 경청을 통해 얼마나 많은 것을 얻을 수 있는지 알게 해 주는 좋은 예이다.

1 눈을 보며 말하기

경청은 듣는 사람이 말하는 사람의 눈을 바라보는 것으로부터 시작된다. 대화할 때 듣는 사람이 말하는 사람의 눈을 바라보면 말의 내용을 집중해서 들을 수 있고, 말하는 사람으로 하여금 인격 존중의 느낌을 받게 해 준다. 반대로, 듣는 사람이 시선을 다른 곳으로 돌리면 말하는 사람은 인격을 무시당했다는 생각에 불쾌감을 느낀다. 말하는 사람도 마찬가지다. 말하는 사람도 듣는 사람의 눈을 바라보고 대화를 해야 한다. 듣는 사람의 눈을 바라보지 않고 다른 곳을 보면서 말을 하면 듣는 사람도 시선이 분산되어 집중할 수 없기 때문이다.

눈을 보는 데에도 기술이 필요하다. 눈을 보며 듣고 말한다고 해서 뚫어지게 눈만 계속 바라본다면 어색하게 되므로 상대편의 눈을 적당히 바라보는 것이 필요하다. 나이 차이가 있는 사람과 대화를 하는 경우에 손윗사람이 말을 할 때 나이가 어린 사람이 어른의 눈을 빤히 쳐다보면서 들으면 자칫 실례가 될 수도 있다. 따라서, 나이가 어린 사람은 어른의 눈보다는 코나 입술을 응시하는 것이 예의에 어긋나지 않을 것이다. 그렇다고 눈을 절대 바라보지 말라는 의미는 아니다. 가끔씩 눈을 바라보며 대답을 하는 것이 바람직하다. 반대로, 나이가 많은 사람은 손아래 사람의 눈을 바라보며 말하는 것이 자연스럽다.

2 반응하기

　반응하기는 말하는 사람에게, 말을 잘 듣고 있다는 것을 알려 주는 동작이나 표현을 말한다. 적절하게 잘 듣고 있다는 반응을 하면 말하는 사람은 안정감을 갖게 된다. 만일 적절한 반응을 하지 않는다면 말의 내용을 이해하지 못하고 있는 것으로 판단되어 설명을 더 장황하게 하려고 할 것이다. 반응하기에는 동작으로 하는 것과 언어로 하는 것이 있다. 첫째, 몸의 동작을 통한 반응으로서 고개를 끄덕거린다거나 빙그레 웃음을 짓는 것 또는 양손을 살짝 드는 것 등으로 표현할 수 있다. 만약, 상대방이 재미있는 유머나 조크를 하는데 무표정하게 빤히 쳐다보면 무척 무안할 것이다. 그때는 양손을 살짝 들거나 미소로써 이야기를 잘 듣고 있으며 재미있다는 표현을 적절하게 해 주는 것이 좋겠다. 둘째, 언어적인 반응이다. ‘으응~!’ ‘그래~’ ‘아하~!’ ‘네~!’ 등의 말로 적절하게 반응하면, 말하는 사람은 더욱 안정감과 편안함을 느껴서 대화가 진지하게 전개될 수 있다. 만약, 눈은 보고 있지만 아무런 반응도 없이 듣기만 한다면 말하는 사람은 이상한 느낌을 받게 될 것이다. 이처럼 몸의 동작과 언어적 표현을 동시에 사용하면 정확한 반응하기가 되어 진지한 대화를 이어가게 될 것이다.

3 바른 몸가짐(태도)

　몸짓은 제2의 언어로서 의사소통의 중요한 요소이다. 의사소통은 말로만 되는 것이 아니라 몸짓으로도 가능하며 경우에 따라서는 말보다 몸짓이 의사 전달에 오히려 효과가 더 클 때도 있다. 말이 통하지 않는 외국에 갔을 때 비록 유창한 언어로 표현하지는 못해도 손짓발짓만으로 필요한 일을 무리 없이 처리했던 경험이 있을 것이다. 즉, 몸짓만으로도 어느 정도 의사소통이 가능한 것을 알 수 있다 이처럼 몸짓은 의사표현의 중요한 도구이다.

대화에 있어서 듣는 사람의 올바른 태도는 말하는 사람으로 하여금 자신의 말을 잘 듣고 있는지 알게 해 주기 위해서 꼭 필요한데, 말하는 사람과 듣는 사람 둘 다 바른 몸가짐을 가짐으로써 상대방으로 하여금 대화에 전념하고 있음을 전달해 줄 수 있기 때문이다.

말하는 사람의 태도는 어떠해야 할까? 가장 중요한 것은 듣는 사람에게 몸의 정면이 향하도록 하는 것이다. 다른 쪽으로 삐딱하게 몸을 틀고 말을 하면 듣는 사람의 기분이 상하게 될 것이기 때문이다. 듣는 사람을 향해 공손한 자세로 그 사람의 눈을 응시하면서 편안하게 말하는데, 만약 대중 앞에서 연설이나 강연을 할 경우에는 대중 전체를 골고루 보면서 진행하면 된다. 윗사람에게 말할 때는 눈을 똑바로 응시하기보다 눈 바로 아래쪽을 가끔씩 바라보는 것이 좋을 것이다.

마찬가지로, 듣는 사람도 말하는 사람을 향해 바른 몸가짐을 해 줘야 한다. 의자에 앉아 있는 경우에는 허리를 펴고 편안한 자세로 앉아야 한다. 다리를 벌려 앉거나 의자 등받이와 의자 끝에 앉아 마치 누워 있는 듯 앉게 되면 거만한 태도로 보이게 되어 좋지 않다. 또한 허리나 고개를 숙이거나 책상에 손을 얹어 턱을 받치고 있는 것도 좋지 않다.

선 채로 들을 때에는 말하는 사람을 향해 서야 한다. 다리는 모으되 손은 바지 주머니에 넣지 말아야 한다. 간혹 다리를 흔드는 버릇이 있는 사람들이 종종 있는데, 이는 좋지 못한 태도이다.

큰 공간에서 강연을 들을 경우에는 상체가 강사를 향하도록 하는데, 대체로 상체의 70% 이상이 강사에게 향해 있어야 한다. 객석의 좌우 가장자리 맨 끝에 앉은 사람은 강사를 향해 의자를 돌려 앉거나 고정된 의자일 때는 강사를 향해 상체의 약 70% 정도가 보이도록 앉으면 바른 자세이다.

원탁에 앉아서 강의를 들을 때면, 강사에게 등을 보이고 앉아 있는 사람은 의자를 완전히 돌린 후 말하는 사람을 향해 앉으면 된다.

이와 같이 바른 몸가짐으로 경청하면 말하는 사람이나 듣는 사람 모두 자신의 인격을 존중해 주는 것을 느끼게 되므로 긍정적인 대화를 나눌 수 있게 된다. 만약 바른 몸가짐을 갖지 않고 대화를 하면 서로에게 불쾌감을 주어 긍정적인 대화를 이어나갈 수 없게 된다.

4 집중해서 듣기

집중해서 듣는다는 것은 말하는 사람이 하는 말을 최대한 주의 깊게 듣는다는 것을 의미한다. 날짜, 장소, 시간, 준비물, 명령이나 부탁의 말 등은 반드시 집중해서 들어야 한다. 혹시 잘못 들은 경우나 무슨 말인지 이해가 되지 않을 때는 다시 물어서 정확하게 확인해야 한다. 집중해서 듣기 위해서는 피드백 방법을 사용해야 한다. 적절한 피드백은 말하는 사람으로 하여금 안정감을 주게 되고 자신이 말하고자 하는 것을 더 정확하게 설명하게 만들 뿐 아니라 듣는 사람이 자신의 말을 집중해서 듣고 있다고 생각하기 때문에 만족감을 느끼게 된다.

만일 집중해서 듣지 못하면 대화가 산만해지는데, 산만함은 집중해서 듣는 것을 방해하는 가장 큰 적이다. 산만한 태도를 가지고 대화를 하게 되면 더 이상의 대화가 불가능해진다. 그렇다면 어떤 모습들이 산만한 것일까? 대화나 강의 중 갑자기 핸드폰의 문자를 확인하거나 전화를 받거나 다른 곳을 바라보거나 옆 사람과 소곤대는 것을 말한다. 단, 부득이 한 경우, 대화 중 전화를 받거나 문자를 확인해야 할 경우에는 먼저 상대방에게 공손하게 양해를 구해서 상대의 기분이 상하지 않도록 배려해야 한다. 특히, 학생들은 강의를 듣기 전에 핸드폰을 끄거나 묵음으로 해 놓아야 하고, 강의 중에 마음대로 강의실을 나가지 않도록 해야 한다. 이러한 점들을 유의해서 상대의 말을 집중해서 주의 깊게 들어야 하며 강의시간에도 교수님의 강의를 집중해서 들어야 한다.

5 중요한 내용 메모하기

경청의 다섯 번째는 메모하기 즉, 기록하기로서 대화나 회의 중 중요한 내용을 기록하는 것이다. 메모하는 것은 대화에서뿐 아니라 사회생활에서도 꼭 필요한, 매우 좋은 습관이다. 메모하는 습관을 들이면 인간관계를 잘 맺게 될 뿐 아니라 자신이 맡은 일을 잘 해내는 데에도 많은 도움이 되며 반면, 메모를 게을리하면 대인관계나 사회생활에서 곤란을 겪을 수도 있다. 그러므로 한 줄이든 두 줄이든 적는 습관을 들이는 것이 중요하다. 그날의 기분, 먹은 음식, 복장, 흥얼거린 노래나 생각났던 아이디어 등 어떤 것이든 메모하다 보면 언젠가 어떻게든 활용할 수 있게 된다. 컴퓨터 백신 프로그램을 개발한 안철수씨는 기록의 대가라고 한다. 그는 시간이 나면 항상 메모를 하는데, 순간적으로 스쳐 지나가는 생각도 놓치지 않고 기록해 둔다. 기록해 둔 모든 내용들은 안철수씨의 독특한 아이디어가 되었고 후에, 기록을 정리한 것들을 사업에 도입하여 성공하였다. 이처럼 메모하는 습관은 상상할 수 없는 큰 유익을 얻게 해 준다.

메모하는 습관을 키우기 위해서는 수첩과 필기도구를 항상 지참하여야 한다. 수첩은 개개인의 취향에 따라 고르면 되지만, 언제 어디서든 기록해야 할 상황에서 바로 메모할 수 있도록 몸에 지닐 수 있거나 가방에 넣고 다닐 수 있을 정도의 크기로 준비하는 것이 좋다. 크기가 너무 크면 휴대하기 불편하므로 휴대하기 편할 정도의 크기가 무난하다. 메모하는 방법은 말하는 사람의 말을 집중해서 들으면서 꼭 기억해 두어야 할 중요한 내용들이 있을 경우 요약해서 적고 나중에도 꼭 기억해야 할 내용들을 주로 적는다. 반드시 메모할 내용을 정리하면 다음과 같다.

- 대화를 나눈 사람에 대한 기본 정보
  (이름, 연락처, 직급, 만난 곳, 이미지 등)
- 장소와 날짜
- 시간
- 준비물
- 약속 내용
- 회의 시간
- 명함 정리(언제 어디서 누구에게 받았는지 …)
- 오늘 해야 할 일(빠짐없이 적는다)

특히, 약속 장소나 시간 그리고 준비물 등을 꼼꼼하게 메모해야 하고, 말하는 사람이 중요하게 여기는 내용에 대해서는 잊지 않도록 반드시 기록해 둔다.

이렇게 생활 속에서 메모하는 습관을 키우게 되면 실수가 줄어들게 되고 자기관리를 잘 할 수 있게 된다.

3. 인간관계 맺기

사회는 인간과의 관계를 기초로 하는 커다란 조직이다. 인간은 혼자서 살아갈 수 없는 존재이기 때문에 다른 사람과의 관계를 잘 맺는 것이 사회생활에서 매우 중요하다. 인간관계의 첫 출발은 가족이고 두 번째가 친구와의 관계이다. 세 번째는 선후배(이웃, 직장 동료 등) 및 권위자(스승)와의 관계이다. 네 번째가 배우자와의 관계이다. 인간은 이렇게 네 가지의 관계를 맺고 살아가므로 이들 관계를 조화롭게 맺는 것이 온전한 삶을 영위하는 데 중요할 것이다. 이미 언급한 바와 같이, 인간관계를 맺기 위해서 필요한 것은 대화이다. 예를 들어, 같은 학과 동기일지라도 충분한 대화를 하지 못하면 그냥 아는 사이에 불과할 뿐, 진정한 관계라고 할 수 없다. 하지만 시간을 가지고 상대방과 충분한 대화를 하다 보면 서서히 가까워지고 신뢰감이 생기게 되므로 더욱 돈독한 관계로 이어져 진정한 관계를 형성할 수 있게 된다. 특히, 대학 시절 맺은 관계는 일평생 유지할 수 있는 귀한 만남이 될 수 있다. 성인이 되어서 직장에서 만나는 사람들보다 학창시절에 만난 사람이 더 친밀하고 관계를 더 오래 지속할 수 있다고 한다. 이렇듯, 대학에서 같은 학과 친구로의 만남이나 선후배의 만남은 빼놓을 수 없는 귀한 만남이 된다. 이러한 만남을 지속하고 유지하기 위해서는 반드시 투명한 대화라는 필수조건이 충족되어야 한다. 이제 인간관계를 맺기 위한 몇 가지 방법을 소개하고자 한다.

1 인간관계의 종류

위에서 말한 네 가지 인간관계에 따라 관계 형성의 방법과 내용이 조금씩 다르므로 아래에서 이를 살펴보기로 하자.

■ 1차 인간관계인 가족과의 관계

1차 관계에는 부모와 형제 그리고 친족과의 관계가 있으며 그중에서 특히 가족은 가장 가까운 1차 관계에 해당된다. 1차 관계인 가족은 태어나서부터 맺게 되는 관계로서 그 어떤 관계보다 가깝고 깊은 친밀감이 있는데 각 가정의 상황과 환경에 따라 독특한 관계를 형성하게 된다. 가족과의 관계는 누구나 기본적으로 경험하는 관계로서 자연적으로 형성된다.

■ 2차, 3차 인간관계인 친구와 이웃과의 관계

2차와 3차 관계는 앞에서 거론한 것처럼 대화 즉 의사소통의 정도에 따라 질적으로 다르게 맺어지게 된다. 의사소통 수준을 어느 정도 유지하는가에 따라 친구를 사귀거나 이웃과 관계 맺는 단계가 달라지는데, 이는 의사소통의 단계에 따라 관계의 가깝고 먼 정도가 결정되기 때문이다. 또한, 의사소통의 단계는 다름 아닌 정보의 교환 단계에 좌우되며 관계 형성 친밀도는 정보의 단계에 비례한다. 이때 나누게 되는 정보는 1차 정보, 2차 정보, 3차 정보, 4차 정보로 나눌 수 있다. 다음은 친구와의 관계 가운데 의사소통을 나누는 정보에 따른 분류이다.

① 1차 정보

1차 정보는 아주 간단하고 단순한 정보로서 이름, 나이, 사는 곳, 전공, 가족 관계, 나이, 직업, 전화번호, 종교, 취미 등이 여기에 해당된다. 예를 들어, 같은 과 동기와 1차 정보만 나누는 관계라면 그리 가까운 관계는 아니고 단순히 알고 있는 사이라고 할 수 있다. 사실, 주변에 있는 대부분의 사람들은 1차 정보만 나누는, 그저 알고 지내는 정도의 관계를 유지하는 경우가 많다.

② 2차 정보

2차 정보는 자신의 생각이나 의견 또는 주변에서 일어나고 있는 사건이나 상황들인데, 주로 사무적인 관계나 조금 덜 친한 친구 사이에 2차 정보를 많이 나누게 된다. 상대방의 기본적인 1차 정보는 알고 있으며 여기에 각자의 의견이나 생각 그리고 주변에서 겪는 잡다한 정보들을 교환하는 관계로서 영화를 봤을 때 영화의 내용을 말하거나 사무적인 의견을 주고받는 것 또는, 연예인에 관한 가십을 말하는 것 등이 이에 속한다. 1차 정보를 나누는 사람들은 자연스럽게 2차 정보까지 나누게 된다.

③ 3차 정보

3차 정보에는 느낌이나 감정 또는 부정적인 주장 등이 포함된다. 사람들은 일반적으로 자신의 주변 일들은 잘 이야기하지만 정작 자신의 감정 특히 분노나 화와 같은 부정적인 감정들은 쉽게 표현하지 못한다. 이런 감정은 웬만큼 친한 사이가 아니고서는 솔직하게 드러내기가 쉽지 않기 때문에, 3차 정보를 부담 없이 주고받는 관계라면 진정한 친구라고 할 수 있다. 3차 정보를 주고받는 것은 오랜 시간 동안 관계를 지속하고 상대방을 신뢰할 수 있을 때라야 가능하다. 섭섭한 일을 당했을 때 솔직한 심정을 친구에게 터놓고 이야기하고 충분히 대화할 수 있으면 3차 정보를 공유하는 것이지만 이렇게 할 수 있는 관계는 그리 많지 않은 것 같다. 그냥 아는 사람은 많아도 이런 친구 2~3명 정도 갖기는 쉬운 일이 아니다.

④ 4차 정보

4차 정보는 부부와의 관계에서 주고받는 정보를 말한다. 부부는 친구 이상의 관계를 형성한 사이이다. 따라서 부부가 아닌 사람과는 4차 정보를 공유하기 쉽지 않다.

이상으로 관계의 네 단계와 각 단계별 정보 수준에 대해서 살펴보았다. 인간관계를 맺기 위해서는 서로에 대한 깊이 있는 통찰과 이해가 필요하다. 따라서 자신을 상대방에게 전달하고 타인을 내가 이해하는 것이 중요하며, 그것은 대화를 통해 자신을 알리는 방법으로만 가능하다.

2 자기소개 하기

처음 만나는 사람에게 자신에 관한 모든 것을 알리는 것은 가능한 일이 아니다. 다만, 1차 정보를 나누는 것은 어렵지 않다. 자신의 1차 정보만이라도 제대로 전달하게 되면 서서히 2차 정보도 나눌 수 있게 되며 나아가 3차 정보까지 공유하는 관계로 나아갈 수 있다. 이제 자신에 대해서 먼저 글로 써보고 그룹 전체에게 자신에 대해 소개해 보자. 팀원들은 소개하는 사람의 내용을 메모해 보도록 한다.

3 상대방 이해하기(공감)와 피드백 주기

상대방이 자신에 대해 소개할 때에는 경청하면서 그 사람이 어떤 사람인지 이해하려고 노력해야 한다. 상대방에 대해서 하나씩 하나씩 알아가게 되면 그 사람이 어떤 사람인지, 그 사람의 독특한 점이 무엇인지를 발견하게 되고 나아가, 자신과 어떤 면이 같고 어떤 면이 다른지도 알게 된다. 이처럼 타인에 대해 조금씩 알아가는 것은 참으로 흥미로운 일이다. 무엇을 좋아하는지, 무엇을 싫어하는지 그리고 가장 힘들었던 시기에 무슨 일이 있었는지를 듣다 보면 친근감이 생겨서 점점 절친한 관계로 발전해나갈 수 있게 된다. 이렇게 열린 마음으로 듣다가 혹시 잘못 들었을 때 다시 물어보게 되면 대화가 더욱 진지하게 진행될 수 있다. 간혹 이야기를 듣다 보면 자신의 상황과 흡사한 경우에 공감이 아주 잘 되는 것을 느낄 때도 있는데, 그럴 때에는 말을 자르면서 끼어들지 말고 상대방의 말이 모두 끝난 후에 자신의 경험을

나는 누구인가?

이름: ______________   나이: ______________   생년월일: ______________

사는 곳: ______________________________   종교: ______________

핸드폰 번호: ______________________   전공: ______________________________

싸이월드 홈페이지 주소: ______________

2차 정보

채플 수업을 신청하게 된 이유(동기)?

현재 전공을 선택하게 된 이유?

장래 희망 직업 또는 하고 싶은 일이 있다면?

자신의 취미는? 그리고 그 취미 생활을 어떻게 하고 있나?

자신이 가장 좋아하는 것은? (연예인, 음식, 스포츠, 이상향, 계절, 색깔, 게임 등)

그리고 왜 좋아하는가?

3차 정보

가장 힘들었던 일은 무엇인가?

가장 행복했던 일은 무엇인가?

내가 가장 싫어하는 것은 무엇이고 왜 싫어하는가?

함께 나누면 서로의 동질감도 확인할 수 있고 더욱 친밀한 관계를 만들어나갈 수 있을 것이다.

단, 상대방의 말이 끝남과 동시에 해결책을 주려고 하기보다는 마음을 열고 상대방의 말에 귀를 기울여 충분히 듣는 것이 무엇보다도 중요하다. 섣불리 해결책을 제시하는 대화는 상대방으로 하여금 마음을 닫게 하기 때문이다.

4. 자기목표 세우기

1 자기목표 세우는 방법

나는 누구인가? 라는 질문에 이어 나는 어디로 가야 하는가? 에 대한 질문에 답을 가져야 한다. 나는 무엇을 하며 살 것인가? 나의 계획은 무엇인가? 나는 앞으로 어떤 삶을 살아갈 것인가? 등과 같은 질문은 자기목표를 설정하기 위해서 꼭 필요한 질문들이다. 대학생이라면 스스로에게 이러한 질문을 던지고 이에 대한 해답을 스스로 찾고자 노력해야 한다. 인생 전체에 대한 목표를 정하기란 쉽지 않지만 삶의 방향만큼은 되도록 빨리 세우고 목표를 향해 시간을 아끼며 나아가는 것이 현명하기 때문이다.

인생 전체의 목표를 세우는 것을 훈련하기 위하여 한 학기 동안의 단기목표를 세워보도록 한다.

삶의 목표를 세우기 위해서 가장 먼저 할 것은 '무엇을 이룰 것인가?'를 정하는 것이다. 여러 가지보다는 되도록 한 가지의 목표를 정하는 것이 좋다. 두 번째는 언제까지 목표를 이루어낼 것인지 목표기간을 정하는 것인데, 시간을 너무 길게 잡으면 목표가 막연해지거나 모호해질 수 있고 중도에 지치게 될 수 있으므로 가급적 짧은 기간으로 잡는 것이 좋다. 대학생들은 한 학기 또는 1년 정도의 목표를 세워보는 것도 바람직하다. 세 번째는 자신의 생활을 분류하는데, 이루어야 할 목표를 달성하기 위하여 적용할 자신의 생활을 크게 구분하는 작업을 말한다. 취미 생활, 문화 생활, 인간관계, 재무관리, 친구관계, 건강관리 등과 같이 자신이 세운 목표를 이루기 위해 노력해야 할 분야들을 나누어 정하는데(나의 단기 목표 세우기 표 참조), 이때 자신의 목표에 관련된 항목을 추가하거나 빼거나 하면서 목표를 완성해나가는 데 필요한 사항들을 나열한다. 이러한 분류는 다음 단계에서 실천사항을 좀 더 구체적으로 살피는 데 기준이 되는 것이므로 자신에게 맞는 항목을 만드는 것이 중요하다. 네 번째, 구체적인 생활 구분을 한다. 앞에서 구분한 각각의 분야에 따라 좀 더 세부적인 실천사항을 검토하는 것으로서 이 작업을 해야 목표를 위한 활동이나 실행을 구체화할 수 있게 된다. 다섯 번째는 목표를 이루기 위해 꼭 해야 할 일들을 적는데, 막연하게 작성하면 실패할 수 있으므로 되도록 구체적으로 상세하게 적어야 한다. 구체적으로 할 일이란 예를 들어, 장학금 타기 또는 책을 몇 권 이상 읽기 등이다. 다음 표는 자신의 목표 설정을 어떻게 하는지 가상으로 만들어 본 것이다. 이 표를 자신의 삶에 적용하여 한 학기 목표 세우기를 해보자.

나의 단기 목표 세우기(예)

생활 구분	구체적 생활	기 간	목 표	할 일
학교 관련 (학생 신분)	수업참여	한 학기	결석하지 않기	일찍 일어나기
	성적장학금	다음 학기	이번 학기 포기	여름방학 해외여행 관계로 한 학기 미루기
문화 생활	영화감상	한 학기	3회 정도	인기 있는 영화만
	여 행	여름 방학 중국 6박 7일	1회(해외)	용돈 무조건 모으기 여행 코스 짜기
	찻집 가기	한 학기	1주일(1회만)	커피(음료)아껴서 여행 경비 마련하기
취미 생활	사진 촬영	한 학기	풍경사진배우기	인터넷카페가입 및 출사 2번
	인터넷블로그	한 학기	블로그 만들기	여행 관련 블로그 및 카페 가입하기
	등산	한 학기	3회	여행 전 3번 훈련삼아
인간관계	교수님	한 학기	5번 만나기	자주 찾아뵙고 이야기하기
	친구	한 학기	연락 잘 하기	문자 꼭 보내주기
재무관리	아르바이트	한 학기	방과 후, 주말	편의점, 주유소, 식당
	외식	한 학기	외식 안 하기	도시락 싸기, 빈대생활 시작
	친가 방문	한 학기	이모댁, 친가	주말에 방문해서 용돈 얻기 용돈은 해외여행비에 투자
종교 생활	교회 가기	한 학기	주일 지키기	주일 예배 및 성가대 참여
독서 생활	여행정보 관련	한 학기	중국 관련 정보	2권 읽고, 인터넷 카페 참고
	소설	한 학기	2권 읽기	알바할 때 틈틈이 읽기
	신문	한 학기	1주일 3번	아침 먹을 때, 알바할 때
건강관리	산책(산보)	한 학기	1주일 4회	알바 후 잠자기 전 1시간
기 타				

표의 예를 좀 더 설명하자면, 이 학생의 한 학기 목표는 여름방학을 이용하여 6박 7일 동안 중국으로 해외여행을 가는 것이다. 중국으로 해외여행을 간다는 목표를 이루기 위해 생활의 대부분을 그 준비에 초점을 맞추고 있는 것을 볼 수 있다. 이 학생은 독서 생활도 여행 준비에 필요한 책을 읽고 여행경비 마련을 위해 아르바이트를 하면서 지출을 줄이고 있으며 건강을 관리하기 위해 운동을 규칙적으로 하는 등으로 여행 준비를 위한 여러 가지 활동에 모든 시간을 계획적으로 사용하고 있다. 이처럼 단기 목표를 세웠을 때 삶의 모든 영역이 그 목표를 달성하기 위해 집중되는 것을 볼 수 있다. 이렇게 한 가지 목표를 향해 자신의 생활을 관리하게 되는 것이 성공적인 자기 관리로 이어지게 되고, 이렇게 관리하면서 대학을 졸업하게 되면 사회생활이나 기타 여러 가지 삶을 보다 건강하게 이루어나갈 수 있게 된다.

2 자기목표 세우기 실습

자기목표 세우기의 방법을 숙지하였다면 위 표의 내용을 참고하여 아래 제시된 표의 빈 칸을 채우면서 자신의 목표를 세워 보자.

＿＿＿＿＿＿＿＿＿의 단기 목표 세우기

생활 구분	구체적 생활	기 간	목 표	할 일
학교 관련 (학생 신분)				
문화 생활				
취미 생활				
인간관계				
재무관리				
종교 생활				
독서 생활				
건강관리				
기 타				

① 한 학기 동안 이루고 싶은 목표 한 가지를 먼저 생각하라. 그 목표에 맞게 항목
   을 분류하라.

② 목표를 이루기 위해 자신의 생활 구분을 정하라.

③ 생활 구분을 좀 더 구체적으로 정하라.

④ 구체적으로 할 일을 생활 구분에 맞게 계획하라.

3 자기목표를 타인에게 발표하기

자기목표를 세운 후에는 그룹 발표를 해 본다. 한 사람씩 자신의 목표를 발표하고 나머지 학생들은 경청하면서 다른 사람들이 세운 목표와 실행방법 등에 대해 이해하도록 한다. 다른 사람의 목표를 듣게 되면 자신과 다른 점들을 쉽게 발견하게 되므로 그중에서 자신에게 도움이 될 만한 좋은 정보가 있으면 활용해 보는 것도 좋은 방법이다. 타인의 목표를 듣고 비판하거나 업신여기지 않고 격려해 주며 자신이 배운 점을 말해준다. 한편, 자신의 목표를 발표한 사람은 자신의 발표를 들은 팀원들의 피드백을 듣고 보충할 부분이나 더 좋은 이야기들이 있다면 적극 반영하도록 한다. 이때 팀원들과 교수님의 의견을 열린 마음으로 들어서 자신이 미처 생각하지 못했던 부분에 대한 지혜를 얻는 것이 더욱 중요하다.

이제, 자신의 팀원들에게 자신이 세운 목표를 발표해 보도록 하자.

1 감사의 생활

감사란 일상생활 가운데 무의미하게 스쳐 지나갈 수 있는 것에 긍정적인 의미를 부여하는 것으로서 아주 작은 것부터 매우 큰 것까지 사람마다 다양하게 존재할 수 있다. 때론 불평할 수밖에 없는 일일지라도 어떻게 의미를 부여하고 해석하는가에 따라 불평이 감사로 바뀔 수도 있다. 감사하는 사람과 불평하는 사람 사이에는 큰 차이가 있는데 이는 세상을 바라보는 가치관의 차이만큼이나 크다. 감사하는 사람은 긍정적인 가치관을 가지고 세상을 바라보는 반면, 불평과 원망을 많이 하는 사람은 부정적인 가치관을 가지고 세상을 바라본다. 이렇듯 세상을 보는 가치관에 따라 자신의 삶도 달라지는데, 긍정과 감사의 시각을 가진 사람은 어떠한 일이 닥치더라도 그 모든 것을 잘 헤쳐 나갈 수 있지만 부정적인 시각을 가진 사람은 동일한 상황이 닥치더라도 헤쳐 나가기가 쉽지 않다.

여기 동일한 시험 성적을 받은 두 사람이 있다고 가정하고 한 사람은 긍정적으로 평가하는 사람이고 또 한 사람은 부정적으로 평가하는 사람이라고 해 보자. 먼저 긍정적으로 평가하는 사람은 아쉽지만 최선을 다했기 때문에 만족하고 앞으로 더 좋은 점수를 받도록 노력하게 된다. 그러나 부정적인 사람은 내 점수가 왜 이 정도밖에 안 나왔지? 공부는 너무 어려워~! 난 안 돼~! 이렇게 자신을 비관적으로 평가해서 더 이상 노력하지 않게 된다. 여기서 보는 바와 같이, 긍정적인 가치관을 가진 사람은 비록 자신의 점수가 생각보다 낮게 나왔을지라도 겸손하게 받아들이며 감사하게 된다.

이처럼 감사는 긍정적인 가치관을 가질 때 비로소 가능해진다. 그런데 여기서 한 가지 우리가 알아야 할 것이 있다. 설령 긍정적인 가치관이 형성되어 있지 않은 사람일지라도 감사의 생활을 시작하게 되면 서서히 긍정적인 가치관도 생기게 된다는 것이다. 자신의 생활 가운데 감사할 것이 무엇인지 찾으려고 노력하는 순간 긍정적인 사고방식은 시작되기 때문이다. 따라서 대학생활에서 감사의 생활을 하는 것은 긍정적인 사고방식과 가치관을 형성시키는 데 매우 중요한 훈련이 될 것이다. 감사의 생활을 시작하면 작은 것 하나라도 소중하게 여기게 되며 자기 자신뿐만 아니라 자신이 만나는 모든 사람들이 참으로 귀한 존재임을 깨닫게 될 것이다.

기독교에서도 감사를 중요하게 여기고 있다. 데살로니가전서 5장 18절에서 '범사에 감사하라. 이것이 그리스도 예수 안에서 너희를 향하신 하나님의 뜻이니라.' 라고 말씀하고 있다. 범사란 일상생활 전체를 의미한다. 자신의 삶 전체에서 감사를 하라는 것이다. 왜냐하면 그것이 하나님의 뜻이기 때문이다. 하나님은 그리스도인들이 불평하고 원망하며 사는 것을 원하시지 않으며, 무슨 일을 만나더라도 감사할 것을 원하신다. 설령 고난이나 역경이 올지라도 또한 그 때문에 불평할 수밖에 없을지라도 그 가운데에서 감사하라는 것이다. 따라서 감사는 감사한 경우에만 하는 것이 아니라 그렇지 않은 경우에도 해야 한다. 감사하지 못할 상황에서 감사하는 것은 매우 힘들고 어렵기 때문에 여기에는 훈련이 필요하다. 매일 조금씩 작은 것에도 감사하는 생활을 하게 되면 어떠한 환경에서도 감사하게 되며, 감사하며 사는 사람은 행복한 삶을 누리게 될 것이다. 이제 여러분도 주변을 살려서 감사의 조건들을 하루에 하나라도 찾아 보자.

2 감사일기 쓰기

감사일기 쓰기란 매일매일 자신의 생활 가운데 감사한 일을 세 가지씩 작은 수첩이나 일기장에 기록하는 것을 말한다. 아침부터 잠자리에 들 때까지 하루를 돌아보면서 감사할 것이 무엇인지 생각한 후 떠오르는 것을 간단하게 기록한다. 처음에는 감사할 일들이 특별히 없을 수도 있다. 왜냐하면 감사의 조건을 크게 생각하고 있기 때문이다. 그러나 감사는 아주 작은 것부터 시작해야 한다. 즉, 감사라고 할 수 없는 것들부터 시작하면 무난히 할 수 있다. 친구들과 재밌게 지냈다면 그것도 감사가 될 수 있고, 친구들과 다퉈서 맘이 상했을지라도 자신의 잘못으로 인한 것임을 알았다면 내 잘못을 알게 되어 감사할 수 있다. 수업 시간에 만난 교수님이 좋은 분이라면 좋은 교수님을 만나게 되어 감사하다고 기록할 수 있다. 이렇게 아주 작은 것부터 관찰하기 시작하면 무난히 감사일기를 잘 써 나갈 수 있다.

준비물은 작은 수첩 하나면 충분하다. 기록할 내용이 많지 않기 때문이다. 감사일기라고 해서 감사의 내용을 길게 적는 것이 아니다. 처음엔 감사할 내용보다 감사할 일의 제목만 적어도 되므로 하루 일과를 모두 마친 후 잠자리에 들기 전에 꼭 감사일기를 써 보자. 감사일기를 매일매일 조금씩 쓴다면 감사할 일들이 세 가지 뿐 아니라 더 많이 떠오르게 될 것이다. 그러면 세 가지 이상 떠오르는 것들을 모두 적는다. 이렇게 감사일기 쓰는 습관을 들이면 자신의 삶 전체가 모두 감사로 가득 채워졌음을 깨닫게 될 것이고, 그것을 깨닫는 순간 행복과 만족을 누리게 될 것이다. 나아가, 세상을 긍정적으로 바라볼 수 있는 가치관과 사고방식도 갖추게 되어 진정 이 시대가 원하는 감사의 사람으로 성장해 나갈 수 있게 될 것이다.

감사일기장

날 짜:　　　　년　　월　　일　　요일

감사의 내용

1.

2.

3.

제 2 부

종교의 이해

1

종교란 무엇인가?

인간은 태어나면서부터 자신이 속한 사회제도 또는 사회구조의 일원으로서 인간 상호간의 관계를 맺고 살면서 그 사회의 생활 규범이나 생활양식을 자연스럽게 터득하여 사회적 구성원이 된다. 그들이 사회화될 때 수용하게 되는 생활양식이나 사회 규범 등은 종교적인 양상과 매우 밀접한 관계를 가지고 있다. 현재 지구상 대부분의 나라의 문화는 종교적 문화와 상당 부분 혼합되어 있어서 종교적인 색채를 빼고 나면 그 나라만의 독특한 문화는 거의 존재하지 않는다고 해도 과언이 아닐 정도이다. 즉, 이 세계는 종교라고 하는 보이지 않는 기초 위에 세워져 있는 것이다. 따라서 인간의 삶은 태어나면서부터 종교와 밀접한 관련을 가지고 시작된다. 프랑스의 저명한 사회학자인 에밀 뒤르껭(E. Durkheim)은 '인간은 종교적인 동물' 이라고 했다. 인간은 종교적인 요소를 떠나서는 살 수 없는 존재라는 말이다. 이처럼 종교는 오랜 역사 가운데 민족이나 국가 안에 문화와 가치관이라는 명목으로 전 세계 곳곳에 깊이 스며들어 있다. 따라서 인간은 태어나면서부터 종교적인 존재가 되며 종교를 떠나서는 인간이 존재하지 못하는 것이다.

　인간은 어떤 존재인가? 인간은 하나님의 피조물로서 이 세상을 다스리도록 창조되었다. 하나님의 창조물인 인간은 기본적으로 하나님과 깊은 관계를 맺도록 만들어졌는데, 하나님과 깊은 관계를 맺는다는 것은 바로 종교성을 뜻하는 것이다. 하나님을 가까이 하도록 되어 있는 인간은 하나님을 의지하고 하나님의 도움을 받고 살아야 한다. 하나님의 도움을 받아야 하는 존재, 이것이 인간에 대한 가장 기초적인 해석이다. 따라서 인간 안에는 하나님의 도움을 받고 싶어 하는 의존적인 부분이 자리하고 있으며 하나님의 도움을 받을 때 인간은 가장 안전하고 평온할 수 있게 된다. 그러나 이런 인간이 하나님의 도움을 벗어나서 살게 된다면 그 순간부터 불안, 초조, 공허감에 빠지게 된다. 이러한 불안과 공포와 공허감은 인간으로 하여금 그것들을 최소화시킬 수 있는 그 무엇을 찾아 헤매게 만든다. 인류 역사는 그것을 대체할 수 있는 것이 무엇인지를 잘 말해주고 있다. 돈, 술취함, 명예, 권력, 성(性)적 행위, 종교, 마약, 사랑 등이 바로 그것들이다. 그러나 이러한 것들은 인간에게 잠깐 동안의 위로를 줄 수는 있겠지만 궁극적인 치료제는 될 수 없기 때문에 이러한 효과가 사라지고 나면 인간에게는 전보다 더 큰 공허와 공포 또는 두려움이 다시 찾아오게 된다. 그러면 인간은 또 다시 이러한 것을 잊기 위해 전에 대체했던 그것을 찾아 잠깐이나마 문제를 해결해 보려고 한다. 이러한 과정을 계속해서 반복하다 보면 중독이 되어 헤어나오지 못하게 되고 결국 진정한 행복과 만족을 누리지 못한 채, 인생을 마감하게 된다. 이때 궁극적인 해결책은 오직 인간을 창조하셨고 인간의 병든 마음을 회복할 수 있는 유일한 분이신 하나님만이 갖고 계신다.

　종교는 인간이 창조되는 순간부터 시작되었다. 하나님이라는 신(神)을 의존하려는 인간의 본성, 즉 인간의 의존이 종교의 시작이라고 할 수 있다. 그런데 사람들이 자신을 창조한 하나님을 잃어버리고 하나님이 아닌 다른 무엇인가를 하나님 대신 채우고자 하는 것을 인류의 긴 역사 속에서 어렵지 않게 찾아볼 수 있다. 그것이 신이든 자연이든 사람이든 규칙이든 인간은 자신이 의지할 수 있는 무엇인가를 창조해내고 있다. 자신을 지켜 주고 도와줄 수 있는 힘이 있는 존재, 즉 하나님이 아닌 다른 신을 만들어냈고 그 신을 숭배하게 된 것이다. 자신이 의존하는 신이야말로 자신을 도울 유일한 존재라고 믿고서 그 신을 받들게 되는데 바로 이것이 종교의 시작이라고 해석할 수 있겠다.

　종교는 인간의 연약함과 나약함으로부터 비롯되는데, 사람은 스스로 해결할 수 없는 막다른 골목에 봉착하게 되면 자연스럽게 하나님이 아닌 다른 신을 찾게 된다. 자신에게 닥쳐 있는 문제가 크면 클수록 신을 의지하는 마음이 커지고 신의 능력과 힘도 자연스럽게 커지게 된다. 결국, 신은 사람에 의해 만들어진 산물로서 신의 힘은 인간이 만들어내는 것이며 인간이 신의 힘을 한정짓는 셈이다. 예를 들어, 불치병에 걸린 환자는 자신이 믿는 신의 능력을 불치병까지 능히 치료할 수 있는 신으로 믿음으로써 그 신의 도움을 받고자 최선을 다하게 된다. 여기서 말하는 신은 하나님이 아닌 다른 신을 말하며, 인간의 필요에 의해 만들어진 것이다. 결국 인간은 자신을 창조한 하나님을 알아야 하고 그 하나님을 의지할 때에야 비로소 안전함과 평온함을 찾게 되는 것이다.

1 인간에 의한 기원

　인간은 삶을 사는 과정에서 극복할 수 없는 어떤 한계에 부딪혔을 때 그 한계를 극복하고 싶어 한다. 돈이나 다른 사람의 도움으로도 해결할 수 없을 때 또는, 어떠한 도움으로도 해결할 수 없는 상황에 이르면 보이지 않는 어떤 힘을 통해서라도 그 문제를 해결해 보려고 한다. 불치병에 걸려서 의료기술로는 치료할 수 없을 때 죽음이라는 막다른 상황을 직면하게 되면 자연스럽게 신의 도움을 청하게 되는데, 그때는 병이 나을 수만 있다면 무슨 일이라도 하겠다는 다짐을 하면서 매달리게 된다. 유독, 질병이 아니더라도 절박한 상황에 이르게 되면 누구나 이처럼 자신을 도울 수 있는, 보이지 않는 어떤 존재를 의지하게 되는데 이것이 바로 종교심이다. 의지하는 마음, 도움을 받고자 하는 마음이 신과 종교를 만들어냈다. 즉, 나약한 인간은 신을 만들고 그 신에게 신비한 능력을 부여한 후 그 신이 자신의 문제를 해결해 줄 수 있다고 믿는다. 이러한 방법으로 인간은 신을 창조하는 주체가 되었고, 자신을 도울 수 있다고 믿는 존재를 수없이 만들어냈다. 그리고 인간은 이러한 존재들에게 자신의 문제를 해결할 수 있는 능력을 부여하고 그 능력을 믿으며 자신의 믿음을 나타내기 위한 행위를 하면서 신을 의지하고 있다. 이러한 의존행위는 서서히 틀을 잡게 되고 결국 어떠한 형태를 갖게 되는데, 이것이 바로 제의(祭儀)이다. 신의 도움을 받고자 인간은 신의 마음을 움직이기 위해 기도하는데, 여기에 더해서 소위 정성을 드리기 위해 돈과 물건 등을 바친다. 신의 도움을 받을 수 있기 위해서는 신의 마음을 감동시켜야 한다고 믿고 있기 때문이다. 종교는 이렇듯 인간의 나약함과 한계성을 인식하는 순간 시작되며 그때부터는 스스로의 필요에 의해서 자신만의 신을 만들어 내게 되는 것이다.

이러한 방식으로 인간은 산, 강, 바다, 바위, 하늘, 동상, 부적, 목걸이, 장식물 등에 신비한 힘이 있다고 믿음으로써 그것들을 신으로 숭배하게 된다. 이렇듯, 자연물과 사물들의 영적인 존재를 인정하면서 셀 수 없이 많은 신들이 만들어졌고 그 수만큼 많은 종교가 생기게 되었다. 이와 같이 대부분의 종교들은 인간에 의해 만들어진 신을 숭배하는 형태를 취하고 있는데, 인간에 의한 종교 발생에 관한 대표적 이론으로는 공포설, 희망설 등이 있다.

2 신에 의한 기원

종교의 또 다른 기원은 신이다. 신은 이미 존재하였고 인간이 그 존재와 능력을 알게 됨으로써 비로소 종교가 시작된다. 즉, 신은 인간이 그의 존재를 알기 훨씬 전부터 존재하였으며, 신은 인간이 상상할 수 없는 힘과 능력을 가지고 있었다. 어느 순간 인간은 신의 존재와 그가 가진 능력과 힘을 경험하게 되면서 비로소 신을 인정하고 숭배하게 된다. 이와 같이 신에 의해 시작된 종교를 계시종교라고 하며, 기독교는 계시종교에 속한다.

종교는 크게 두 가지 성격을 가진 것으로 이해되는데, 하나는 본질적 성격이고, 다른 하나는 기능적 성격이다. 본질(essence)이 내재적이고 성향에 관계된 것이라면, 기능(function)은 표출적이고 결과에 관계된 것이다.

이때 종교의 본질에 초점을 두고 내리는 정의를 본질적 정의라고 하며, 그 기능에 근거하여 내리는 정의를 기능적 정의라고 한다. 즉, 본질적 정의는 '종교는 무엇인가(What religion is)?'를, 기능적 정의는 '종교가 하는 일은 무엇인가(What religion does)?'를 다루는 것이다.

다시 말해서, 종교의 본질적 정의가 종교의 본질적 특성을 중심으로 정의를 내리는 데 비해 기능적 정의는 종교가 개인과 사회, 문화에 대하여 수행하는 기능에 초점을 맞추는 것이다. 여기서 종교는 그것이 성취하는 기능으로 규정되기 때문에, 종교적 믿음과 수행의 내용은 종교의 결과보다 덜 중요하다.

기능적 입장에서 보는 종교의 기능은 다시 두 가지로 나뉘는데, 개인에게 보편적 질서 개념과 최후의 질문에 대한 해답을 제시하며 인성의 안정, 심리적 복지, 의미의 제공, 인간의 요구에 대한 만족의 기여 등을 포함하는 심리적 기능과, 사회체계에 속하는 질서, 역할, 규범에 종교가 영향을 미쳐 사회를 통합하는 사회적 기능이 그것이다.

1 심리적 기능

현대사회는 산업혁명 후 정치·경제·사회구조에 있어서 급격한 변동을 초래했다. 특히, 첨단과학의 발달과 정보 사회화 등의 영향으로 인간은 소외와 가치 갈등 그리고 박탈감 등의 문제에 직면하게 되었다. 종교는 이러한 한계상황에 처한 인간의 사회·심리적 상태에 어떤 해결책을 마련해 주는 존재로서, 숭배와 예배의식을 통해 초월적 관계를 맺도록 함으로써 인간 조건의 무력성, 소외감 그리고 역사의 변천과정 속에서 새로운 안전과 보다 더 굳건한 일체화를 위한 정서적 기초를 마련해 주는 역할을 하고 있다.

또한, 각자의 인생에 설명과 해석의 틀을 제공하여 문제의 원인들을 스스로 해결하며 존재의 가치를 보편적 질서 혹은 궁극적 세계의 구조 안에서 안착시킴으로써 질서를 수립하고 혼돈을 제거하는 역할을 수행하고 있다. 즉, 종교는 의미제공을 통하여 인간의 불안과 긴장 등을 해소하고 안정과 희망을 가져오게 하는 것이다. 이처럼 종교는 보편적 질서개념과 최후적 질문에 대한 해답을 제시함으로써 인간이 근본적으로 갖게 되는 심리적 불안이나 문제들을 해결하거나 약화시키는 중요한 기능을 수행하여 왔으며 개인이 느끼는 척도도 다양하다. 인간은 의미적·형이상학적 존재이다. 즉 의미를 추구하는 능력과 형이상학적 세계에 대한 관심을 가지는 유일한 존재인 것이다. 이러한 인간의 본질에 대한 답변을 해 주는 것이 철학과 종교이며 그중에서 종교는 불안과 긴장을 해소하고 안정과 희망을 주는 최종적 기재(器材)라 하겠다.

종교가 인간 개인보다도 사회체계에 속하는 어떤 질서, 역할, 규범 등에 바람직한 영향과 결과를 가져다주는 것을 종교의 사회적 기능이라고 한다. E. 뒤르껭 (Durkheim, 1965)은 '정규적으로 사회의 일체감을 만드는 집합감정(collective sentiments)과 집합이념(collective ideas)을 고무하고 재확증할 필요성을 느끼지 않는 사회란 있을 수 없으며, 종교는 이러한 집합의식을 통해 사회통합에 기여한다.'고 보았다. 그에 따르면 종교는 탁월한 형태와 집합적인 생활 전체의 집중된 표현인 것이다.

만일 종교가 사회에서 근본적인 모든 것을 창출해낼 수 있다면, 그 사회의 이념이 바로 종교의 정신이기 때문에 종교적인 힘은 인간적인 힘이 되는 동시에 도덕적인 힘이 되는 것이라고 하였다. 이와 같이 뒤르껭은 한 사회를 결속시키는 가치와 이상 그리고 희망에 대한 상징적인 찬양과 완성으로서의 종교를 규정함으로써 종교의 사회통합과 강화의 기능을 강조하였다.

한편 데이비스(Davis, 1949)에 의하면, 본능적인 욕망에 대한 감정의 지배와 개인적 관심에 대한 집단의 지배목적을 유지하기 위하여 종교는 초자연적 믿음의 세계를 통해 집단목적에 대한 설명과 그것의 우위성에 대한 정당성을 제공하고, 집단의식을 통하여 공통된 감정의 지속적인 수단을 마련해 주며, 거룩한 대상물을 통해 가치관이 형성되고 그와 같은 가치들을 공유하는 모든 사람들을 위한 집합점을 공급함으로써 집단결속과 증진에 기여한다고 한다.

오데아(O'Dea, 1966)는 종교가 사회의 규범을 성화시킴으로써 사회 안에서 통제와 질서 유지에 공헌을 하고, 개인을 거룩한 존재와 관계시킴으로써 의미 있는 영역으로 통합시키며, 개인이 속한 집단의 가치와 규범을 의식적으로 재확인함으로써 집단과 통합시킨다고 하여 종교의 사회적 기능을 강조하고 있다. 이를 좀 더 상세히 살펴보기로 하자.

■ 오데아(O'Dea)의 분류에 의한 종교의 기능

① 종교는 인간의 운명과 안녕에 관련하고 또 그에 대하여 인간이 적응하면서 관계를 수립하는 초월자에 대하여 기원함으로써 지지(support), 위로(consolation), 화해(reconcillation)를 마련해 주며, 사회적인 향상 추구에서의 실패, 실망, 불안과 같은 인간조건의 불리한 요소들에 직면할 때 매우 중요한 조력을 제공해 준다.

② 종교는 사제적 기능을 갖는다. 즉, 종교는 숭배의식을 통해서 인간과 절대자가 초월적 관계를 맺도록 하며, 이를 통해 종교는 인간조건의 불확실성과 불가능성 그리고 역사의 유동과 변천의 과정에서 새로운 안전과 보다 더 굳건한 일체화를 위한 정서적 기초를 마련해 주고, 애매한 문제에 대해 권위적인 교훈, 가르침을 통해 문제해결을 위한 준거점(points of reference)을 제공하게 된다.

③ 종교는 기존사회의 규범과 가치를 성화시키며, 집단목표를 개인의 원망(願望)보다 우위에 두고, 집단원리를 개인의 충동보다 상위에 둠으로써 사회통제에 공헌을 하며, 또한 사회의 배분양식을 합법화함으로써 질서와 안정을 더하게 한다.

④ 예언자적 기능으로서, 종교는 제도화된 규범의 진위를 면밀하게 검사하여 극히 결핍된 점을 찾아내어 가치의 기준을 설정한다. 이러한 기능은 신의 초월성을 강조하고, 이 초월자가 사회의 기존 권력자보다 필연적으로 우위에 있다는 것을 주장함으로써 이루어진다.

⑤ 종교는 중요한 일체화 기능을 수행한다.

이는 종교에 내포되어 있는 가치뿐만 아니라 그 가치관들과 병존하고 있는 인간의 본성과 숙명에 대한 신념을 그대로 받아들임으로써 사람은 자의식과 자기규정(self-definition)의 중요한 측면을 발전시킨다.

이처럼 종교는 인간에게 자신의 존재 의미 내지는 삶의 의미를 제공해줌과 동시에 사회구성원으로서 바른 역할을 해낼 수 있도록 인도해 주는 이른바 심리적 기능과 사회적 기능을 가지고 있다. 종교는 인간내면의 성숙함과 안정, 희망 등을 갖게 하는 심리적 기능과 함께 사회통제 및 사회통합과 같은 사회적 기능을 수행함으로써 인간의 삶의 질에 직접·간접으로 영향을 주고 있는 것이다.

이상에서 살펴본 바와 같이, 종교는 인간의 고통스러운 삶에 활력과 생기를 불어넣어 주고 사회 질서를 유지하며 사회 구성원들을 통합시키는 등 순기능을 한다. 그러나 비록 부분적이나마 때로는 종교의 보수성이나 절대성으로 인하여 개인에게 갖가지 부담을 갖게 하거나 사회적 혼란을 야기시키기도 하고, 사회의 변화나 발전을 저해하기도 하며 종교 간 갈등으로 인해 사회의 연대성을 파괴하는 등 종교의 본질에서 벗어난 역기능적인 모습을 보이기도 한다.

2

원시신앙이란 무엇인가?

사람들은 누구나 성공을 기대하며 산다. 성공에 대한 정의는 사람에 따라 다르겠지만 간단히 말해서, '잘 사는 것', '하는 일들이 모두 잘 되는 것', '부와 명예를 이루는 것' 등 이라고 말할 수 있다. 따라서 일반적으로, 얼마나 많은 부를 축적하고 있는가? 남들보다 얼마나 잘 사는가? 또 어떠한 권세를 누리는 자격을 가지고 있는가? 얼마나 많은 사람들을 거느리고 있는가? 등이 성공의 지표가 되고 있으며 다른 사람보다 더 잘 살고 더 많은 권세를 누리면 성공했다는 평가를 하기도 한다. 사실, 이러한 성공을 많은 사람들이 소망하며 꿈꾸고 있는 만큼, 성공한 사람들은 복 받았다는 말을 종종 듣게 된다. 반면, 실패하거나 일이 잘 안 될 때 사람들은 '무슨 잘못을 해서 그런가?' 하는 생각에 불안해한다. 만약, 누군가가 3개월 동안 세 번이나 교통사고를 당했다고 가정하자. 한 달에 한 번씩, 그것도 같은 장소에서 반복적으로 사고를 당했다면 '왜 그럴까?, 내게 무슨 문제가 있는 걸까?, 왜 이리 재수가 없지?' 라고 생각할 것이다. 그런데 이러한 생각은 성숙을 위한 자기성찰이라기보다는 두려움에 의한 방어의식의 반영일 경우가 일반적이다. 반대로 3개월 동안 매월 한 번씩 복권이나 경품 추첨에 당첨되거나 갑자기 승진이 되었다면 어떻게 받아들일까? '내가 좋은 일을 해서 이런 복을 받게 되었구나.' 하고 생각할 것이다. 이것이 바로 흥부와 놀부증후군이다. 부러진 제비 다리를 고쳐 주었더니 큰 복을 받아 부자가 되었다는 흥부의 일화, 흥부가 복 받는 것을 부러워한 나머지 흥부처럼 될 욕심에 제비 다리를 부러뜨린 놀부의 일화는 모르는 이가 없는 전래동화 이야기이다. 흥부와 놀부 이야기는 아마도 현대인들의 마음속에도 조금씩은 숨어 있을 것이다. 인간이라면 누구나 잘 되고 싶어 하는 열망과 기대를 갖고 있다. 더 예뻐지고 싶고, 출세하고 싶은 지극히 기본적인 성공 욕구! 바로 이 성공 욕구가 기대와 희망, 소망을 뛰어넘어 신앙으로까지 발전하게 되었다. 결국, 이러한 인과응보적 관점과 기대가 샤머니즘 신앙을 만들어낸 것이다. 이렇듯, 샤머니즘은 인과응보적인 사고방식에서부터 시작되었는데 인과응보란 원인이 있으면 결과가 있다는 인과설에 근거한다. 즉, 결과가 좋다면 그것은 원인이 좋아서이고, 결과가 좋지 못하다면 무언가 원인이 잘못된 것이다. 좋은 결과는 그냥 일어나지 않으므로 좋은 결과를 위해서는 그에 맞는 원인이 있어야 한다. 그 원인을 인간은 자신이 믿고 있는 신에게 두려고 한다. 신의 도움으로 자신이 원하는 것을 이루기 위해 신을 감동시키고자 끊임없이 노력한다. 이러한 행동과 노력을 신이 알고 감동하여 노력한 만큼 대가를 받는다고 믿고 있기 때문이다. 이때 사람들은 신에게 자신의 뜻을 전달하고 신의 뜻을 알기 위해 신과 자신 사이에 중매자를 둔다. 중매자는 신과 접촉해서 사람들을 대신하여 신에게 제사를 지내거나 기도해 주고, 때로는 사람들의 문제에 해답을 주는 역할을 담당하며, 사람들은 중매자에게 신적인 권위를 부여하게 된다. 이러한 중매자를 샤먼(Shaman)이라고 하는데, 한국의 '무당'이 여기에 속한다.

● 1. 원시신앙의 종류

원시신앙은 말 그대로 원시적인 형태를 가진 신앙심을 가리키며, 교주(창시자)나 경전 등을 갖추지는 않았지만 사람들 가운데 종교적인 형태로 자리하고 있는 신앙을 말한다. 대부분의 종교들은 창시자와 그에 따른 경전이나 원칙 등을 가지고 있어 많은 사람들이 동일한 형태의 종교적 행위를 공유한다. 이들 종교는 각각 나름대로의 독특한 특성을 가지고 있으며 이러한 특성들을 학문적인 근거와 이론으로 체계화하고 정립해서 신자들에게 전달한다. 반면, 이러한 종교적 특성을 갖지 못한 채 사람들에게 종교적인 형태로 퍼져 있는 신앙행위가 있는데 이를 원시신앙이라 한다. 즉, 원시신앙은 종교적인 양태를 갖추지 못한 신앙이라 할 수 있다. 대표적인 원시신앙은 다음과 같다.

1 자연숭배(自然崇拜)

자연숭배 신앙은 자연물에 신성한 힘이 있다고 믿는 신앙으로서 높은 산, 절벽, 큰 바위, 큰 나무, 강, 바다, 바람, 구름, 번개, 짐승 등 자연물을 신성시하는 것이다. 자연숭배는 도시문화보다는 원시부족에게서 두드러지게 나타나는데, 문명적 도구 없이 자연을 극복해야 하는 환경 속에서 인간의 힘으로 감당할 수 없는 자연에 대한 경외심을 갖게 되었고 그에 따라, 자연을 숭배함으로써 자신의 안전을 보장받고자 하는 의식이 하나의 신앙으로 발전하게 된 것이다.

2 주물숭배(呪物崇拜)

주물숭배 신앙은 인간이 만들어낸 물건에 신적인 힘이 있다고 믿고 그 물건들을 숭배하는 신앙을 말한다. 자연숭배 신앙보다 한 단계 발전한 것으로서 여기에는 조각품, 옷, 금반지, 식물의 한 부분, 짐승의 뼈를 가지고 만든 장식품, 상징물, 부적, 목걸이, 자연물의 형상을 가진 물건이나 동상 등이 포함된다. 성경책도 주물숭배에 해당될 수 있는 여지가 있다. 만약, 성경책을 몸에 지니는 것이 자신을 위험에서 보호해 줄 것이라고 믿는다면 성경책도 숭배의 대상이 되기 때문이다. 이처럼 기독교 안에도 주물신앙적인 요소가 잔재하고 있는데, 십자가가 그 대표적인 예다. 십자가는 예수 그리스도가 못 박혀 죽은 형틀로서 기독교의 대표적인 상징물이다. 교회의 상징이 된 십자가는 모든 교회 건물에 세워져 있는데, 이는 단순한 상징물이기 때문에 아무 문제가 없다. 하지만 십자가를 예수 그리스도의 능력을 가진 물건으로 이해하여, 십자가가 나를 지켜줄 것이라고 믿고, 십자가 목걸이를 만들어 목에 걸고 다닌다면 그 십자가 목걸이는 이미 신앙의 대상으로 전락해 버린 것이다. 고로, 신앙의 대상이 된 십자가는 더 이상 기독교적이지 않은 주물신앙이라 할 수 있다.

3 정령숭배(精靈崇拜) 또는 애니미즘(Animism)

지금까지 살펴본 바와 같이, 자연숭배와 주물숭배 신앙의 공통점은 자연이나 물건이 신적인 힘을 가지고 있고 그 자체가 신이며 힘의 근원이라고 믿는다는 것이다. 이와 달리, 정령숭배(애니미즘) 신앙은 앞의 두 가지 신앙에 영적인 의미가 가해진 것으로서 자연이나 물건에 영혼이 깃들어 있어서 그것들이 살아있다고 믿는 것이다. 사람처럼 자연물이나 물건에도 영혼이 있어서 감정을 느끼며 그러므로 화를 내거나 좋아하기도 하고 질투도 하며 대화도 할 수 있다고 믿음으로써 이들에게 초월성을 부여한다는 특징이 있다. 성황당이 그 좋은 예로서, 주로 마을 입구에 있는 커다란 나무를 신성시하면서 마을의 길흉화복을 비는 곳이다. 마을의 주민들은 그곳에 신성한 영혼이 살아 있어서 그 나무를 훼손하면 마을에 불길한 일이 생길 것이라고 믿고 있기 때문에 절대로 나무에 오르거나 가지를 자르지 않는다. 이러한 풍습은 우리 주변에서도 그리 어렵지 않게 찾아볼 수 있다. 이처럼 사물이나 자연물에 영혼이 있다고 믿는 신앙을 정령숭배라고 한다.

4 토테미즘(Totemism)

토테미즘은 자연물이나 사물 또는 동물이나 식물에 신적인 능력을 부여하되 이를 개인이 아닌 공동체와 연관 짓는 신앙으로 그 대상을 주로 종족의 수호신으로 삼거나 조상으로 여기는 경우가 많다. 이처럼 공동체와 깊은 관계를 맺는 신앙을 '토테미즘' 이라고 부르는데, 우리나라 단군신화가 그 대표적인 예이다.

5 샤머니즘(Shamanism)

샤머니즘은 인류 역사의 시작부터 현재에 이르기까지 전 세계에 걸쳐 가장 많은 영향을 미치고 있는 종교적 현상으로서 보편적이고 대중적인 신앙관이라 할 수 있다. 샤머니즘의 신관은 개인이든 마을이든 민족이든 그들 각자의 신들이 존재한다고 믿는 다신론인데, 샤머니즘의 주된 개념은 '복(福)' 이다. 또한 샤머니즘은 그들이 믿는 신과 대중 사이를 연결해 주는 매개자를 두고, 그 매개자를 통해 신과 관계를 맺는다. 샤머니즘적인 신앙 유형은 우리나라를 포함한 아시아 지역에 가장 많이 분포되어 있다. 몇 년 전 몽골 선교여행에서 필자는 샤머니즘의 흔적을 어렵지 않게 볼 수 있었다. 광활한 초원에는 샤머니즘의 흔적인 돌무더기와 그 돌무더기 사이에 꽂아 놓은 기다란 장대가 여기저기 세워져 있었는데, 몽골 사람들은 이 돌무더기 앞을 지나칠때마다 잠시 멈춰 서거나 경적을 울려서 기도를 드린다. 이처럼 몽골의 신앙적 특성은 다른 어느 나라들보다 더욱 샤머니즘적 색채가 강한 것으로 알려져 있다.

1 샤머니즘의 신관

샤머니즘은 신이 존재한다고 믿으며 신의 종류와 수에도 제한이 없다. 샤머니즘의 신은 막강한 힘을 가지고 있어서 인간의 흥망성쇠를 좌우할 수 있고, 인간과 비슷한 감정을 가지고 있어서 신을 기쁘고 즐겁게 해 주면 신으로부터 도움을 받을 수 있지만 신의 감정을 건드리면 벌을 받는다고 생각한다. 그렇기 때문에 신을 즐겁게 하고 신의 마음에 들기 위해 지극 정성을 드리고 때로는 절제의 생활도 하며 엄청난 돈을 바치기도 한다. 이렇게 하는 이유는 자신이 믿고 있는 신이 감동해서 '복'을 줄 것이라고 믿고 있기 때문이다. 샤머니즘의 신관은 이렇듯 복과 밀접한 관계를 갖는다.

2 샤머니즘의 대표적인 개념

① 복(福)

일반적으로 샤머니즘은 '복(福)'과 밀접한 관계를 맺고 있다. 이 세상에 복을 싫어하는 사람은 아무도 없다. 그래서 사람들은 복을 받기 위해 신에게 정성을 들여 빌고 또 빈다. 그 정성이 얼마나 큰가에 따라서 신이 주는 복도 달라진다고 믿고 있기 때문이다. 만일, 어떤 부모가 대학 입시를 앞둔 자녀가 좋은 대학에 합격할 수 있도록 날짜를 정해 놓고 가까운 절이나 명당자리를 찾아가 매일 기도를 드린다면 이는 샤머니즘적인 신앙이라고 할 수 있다. 즉, 노력하면 복을 받고 노력을 게을리 하면 복을 받지 못한다고 믿기 때문에 정성을 다해 기도하는 것인데, 이와 같이 복을 받기 위해서 무엇인가를 열심히 하려고 하는 것을 샤머니즘적 신앙이라고 한다. 한편으로, 신의 저주를 받지 않기 위해 행동하는 것 역시 샤머니즘이다. 즉, 신의 축복이든 저주든 이를 종교적인 행위의 동기로 삼는다면 모두 샤머니즘이라고 할 수 있다. 따라서 샤머니즘은 행동과 겉으로 드러난 모습을 중요시한다.

샤머니즘에는 특별한 교리가 없고 문서화된 원칙도 없으며 특별한 제사 원칙도 없다. 또한, 구체적 행위에 대한 원칙도 없어서 다만 지극정성이라는 마음가짐을 표해야 하는데 그것은 바로 재물로 마음을 나타내도록 하는 것이다. 이렇게 강조된 노력과 행위에는 반드시 돈이 연관되며 돈을 많이 쓰는 것과 적게 쓰는 것에 따라 신도 감동해서 복을 주기도 하고 노해서 저주를 퍼붓기도 한다고 믿는다. 또한, 샤머니즘은 동양의 유교와 매우 긴밀한 관계를 가지고 있어서 착하게 살고 웃어른을 공경하며 아랫사람을 잘 다스리면 복을 받는다고 믿는다.

이처럼 샤머니즘은 복과 떼어 놓을 수 없다. 복을 제외시킨다면 샤머니즘 신앙은 존재하지 않기 때문이다. 신은 복을 주는 영적인 존재이다. 복을 받기 위해서는 어떻게 해서든 신을 감동시켜야 한다. 그 길은 지극한 정성과 노력, 행위뿐이다. 신을 감동시키는 자, 바로 그 사람이 신의 복을 누릴 수 있는 자격을 획득하게 된다. 반대로 신의 노여움은 저주요 불행이다. 신의 노여움은 인간에게 있어 최고의 두려움이다. 이보다 더 큰 두려움이 있을까? 그래서 인간은 신의 노여움을 받지 않기 위해 또다시 애를 쓴다. 지극한 정성과 행위, 때로는 엄청난 돈을 투자하면서까지 노력한다. 이것이 샤머니즘 신앙의 보이지 않는 굴레이다. 샤머니즘 신앙을 가진 자들은 영원히 두려움과 희망 사이를 오고가면서 자신의 모든 것을 쏟아 부으며 탈진을 향해 달려 나가는 자들이라고 해도 무방할 것이다.

② 샤먼의 권위

샤머니즘의 두 번째 주요한 개념은 신과 대중을 연결해 주는 중매자, 즉 샤먼에게 주어지는 권위이다. 샤먼은 신과 통하는 매개자로서 신적인 권위를 부여받는다. 샤먼의 말과 지시는 곧 그가 섬기는 신의 말이요 지시라고 사람들은 믿는다. 따라서 대중들은 단순한 지도자 이상으로 훨씬 더 우월한 신비한 권위를 샤먼에게 부여하고 그를 따른다. 이때 대중들은 샤먼의 말이나 지시에 복종하고 싶어 한다. 왜냐하면 샤먼에게 복종하는 것을 신께 복종하는 것과 동일시하기 때문이다. 대중들은 샤먼에게 복종하는 것을 기본적으로 생각한다. 마찬가지로 샤먼 역시 자신의 주장이나 지시 또는 신의 계시를 대중들이 순순히 복종하기를 바란다.

③ 노력과 행위

샤머니즘의 세 번째 주요한 개념은 노력과 행위에 대한 것이다. 복을 받기 위해 또는 저주받지 않기 위해서는 신에게 최대한의 노력을 다해야 한다. 노력이란 행위를 말하며, 여기에는 돈과 시간 등이 포함된다. 사람들은 복을 받거나 성공하기 위해 자신이 신봉하는 신에게 간절히 기도하고 또한, 기도만으로는 부족하다는 생각에 신을 감동시키기 위해 또 다른 행위를 하려 든다. 기도하는 시간도 많이 할수록 신을 감동시킬 수 있다고 믿기 때문에 원하는 것이 큰 것일수록 기도 시간도 비례해서 늘어난다. 편안한 자세로는 신을 감동시킬 수 없으므로 힘든 고행을 일부러 자청하기도 하고 깊은 산 속에 가서 기도한다든가 아니면 많은 돈을 바치면서 기도하는 것을 당연하게 여기기도 한다. 복을 받기 위해서 며칠씩 금식하며 기도하는 것뿐 아니라 오랜 기간의 기도를 작정하고 하루도 빠짐없이 기도에 매달린다.

이런 예는 우리나라 입시철에 흔히 볼 수 있는데, 수능시험일이 다가오면 부모님들은 자녀의 합격을 빌기 위해 유명한 산이나 기도처를 찾아 100일 동안 쉼 없이 기도하고 치성을 드린다. 이것이 바로 샤머니즘 신앙의 대표적인 예다.

● 태백산에서 만난 아저씨 이야기

오래 전 태백산에 오른 적이 있었다. 중간 지점까지는 그리 어렵지 않게 오를 수 있었지만 마지막 정상을 남겨두고서는 경사가 급해 숨이 넘어갈 것 같이 힘이 드는 곳이 태백산이다. 어렵사리 태백산 정상을 밟고 내려오던 중이었다. 가파른 길을 거의 내려왔을 때 어느 중년 아저씨 한 분이 돼지머리와 과일 등 많은 물건이 가득 실린 지게를 지고 땀을 뻘뻘 흘리며 올라오고 있었다. 마침 잠시 쉬려고 하는데 아저씨도 힘든지 내 곁에서 숨을 헐떡이면서 걸음을 멈추었다. 나는 갑자기 궁금증이 생겼다. 이 아저씨는 왜 산에 올라갈까? 아저씨에게 물었다. '아저씨~! 산에 왜 이렇게 많은 짐을 지고 가세요?' 그러자 아저씨는 '산꼭대기에서 기도하려고 올라가는 것'이라고 대답했다. '그렇게 무거운 걸 지고 매일 올라가세요?'라고 재차 묻자 아저씨는 빙긋 웃으면서 '그렇다'고 대답했다. 순간 얼마나 당황스럽고 놀랍던지! 혼자 몸으로 등반하기도 힘든 이 코스를 매일매일 무거운 지게를 지고 올라간다니! 참으로 놀랍지 않을 수 없었다.

샤머니즘적인 신앙을 가진 사람들은 태백산에서 만난 아저씨와 유사한 행위를 한다. 행위 없이는 샤머니즘적인 신앙이 존재하지 않으므로 시간, 노력, 돈을 아낌없이 드리며 그렇게 함으로써 신이 자신의 행위를 보고 복을 준다고 강하게 믿는다.

3. 기독교 안의 샤머니즘

1 기독교의 복과 행위

샤머니즘에서는 복(福)과 행위가 두드러지게 강조된다. 그런데 기독교의 복과 행위와의 관계는 샤머니즘적인 관점과는 많은 차이를 가지고 있다. 차이점은 차차 설명하기로 하고 기독교 안에서 발견되는 샤머니즘적 요소를 먼저 살펴보고자 한다.

그리스도교신자면서 복을 받기 위해 교회에서 열심히 일한다면, 이는 샤머니즘적 신앙이라고 할 수 있다. 예를 들어, 자녀의 대학 입시를 위해 작정하고 기도를 시작했을 경우, 기도를 열심히 하면 하나님께서 나의 기도하는 모습을 보시고 자녀를 대학에 입학하도록 도울 것이라고 믿는다면 샤머니즘적 신앙에 가깝다고 할 수 있다. 이 부모는 새벽기도에 한 번도 안 빠지고 나가서 열심히 오래 기도하면 자녀가 대학에 입학하게 될 것이라고 믿게 된다. 하지만 하나님은 열심히 새벽기도에 가는 부모님의 정성어린 기도 시간의 분량을 보시고 그 자녀를 대학에 합격시키는 분은 아니시다. 대학에 합격하고 불합격되는 것은 철저히 수험생의 몫인 것이다. 수험생이 열심히 공부한 결과로 성적이 좋으면 무난히 합격할 것이다. 합격 여부는 수험생의 시험 성적에 달려 있을 뿐 부모의 기도 분량에 달려 있는 것이 아니다.

이처럼 그리스도인들 가운데 샤머니즘적인 신앙을 가지고 교회를 다니고 있는 사람들을 간혹 접할 수 있다. 그들은 교회 생활을 열심히 하면 하나님께서 자신과 가족 그리고 일터에서 복을 주실 것이라고 믿고 있다. 물론 기독교가 복을 외면하는 종교는 아니다. 그러나 기독교의 복은 그리스도인들의 행위에 비례하여 주어지는 것이 결코 아니다.

한국 교회 안에는 아직까지 샤머니즘적인 요소가 다분히 잔재하고 있다. 그것은 한국이 샤머니즘의 영향권 안에 있기 때문인데, 따라서 기독교적인 가치관을 그리스도인들에게 가르쳐서 샤머니즘적인 신앙을 버리게 하는 것이 한국 기독교의 과제라고 본다. 교회 건물이 크면 성공했다고 하는 사고방식도 샤머니즘적인 생각에서 온 것이다. 이러한 사고방식으로 인하여 교회 건물의 크기로 목회자가 훌륭하다고 판단하게 되고 나아가 좋은 교회로 인식하는 경향이 있지만 기독교 가치관은 사실 그렇지 않다. 왜냐하면 작은 것도 소중하게 여기는 것이 기독교 가치관이기 때문이다.

샤머니즘적인 신앙은 오래 전부터 우리나라 교회에 깊이 배어 있다. 기독교적 신앙에도 복을 추구하고 행위를 강조하는 부분이 없진 않다. 그러나 샤머니즘과 근본적으로 다른 것은 그 모든 것들의 동기에 있다. 기독교 신앙의 복은 하나님의 인도하심에 대한 그리스도인들의 반응, 즉 믿음과 연관이 있다. 기독교는 믿음이 있는 행위 그리고 행위가 있는 믿음을 강조한다. 복은 믿음의 삶을 살아갈 때 주어지는 하나님의 선물일 뿐, 기독교 신앙을 주도하는 동기가 될 수 없다. 따라서 복을 받기 위해서나 성공하기 위해서 교회를 다닌다면 진정한 기독교 신앙이라 할 수 없다. 그러므로 한국 기독교 안에 교묘히 숨어 있는 샤머니즘적인 신앙을 철저히 분별해내서 기복적인 신앙을 버리게 하고 건강한 기독교 신앙을 갖도록 해야 한다.

2 교회 안의 원시신앙적 요소들

지금까지 살펴본 바와 같이, 원시신앙은 기독교 신앙과는 전적으로 다른 배경과 내용을 가지고 있다. 기독교 신앙은 자연을 숭배하거나 사람이 만든 물건에 신비한 능력이 있다고 믿지 않으며, 사물에 영적인 존재가 있다고도 믿지 않는다. 복을 받기 위해 부단히 노력하고 애를 써야 신이 감동한다고 믿지도 않는다. 기독교는 하나님을 믿으며 하나님께서 말씀하신 성경말씀대로 생활하는 종교이다. 그런데 우리나라의 샤머니즘적 문화와 풍토에 의해서 아직도 많은 그리스도인들이 교회를 다니면서도 신앙의 바탕에 스며 있는 샤머니즘적 사상과 가치관을 떨쳐버리지 못한 것이 현실이다. 그렇다면, 우리나라 교회 안에 샤머니즘적인 신앙 형태가 어떻게 자리하고 있는지 몇 가지 살펴보자.

① 성경책

성경책은 하나님 말씀을 기록한 책이며 다른 책들처럼 활자로 인쇄되어 있다. 그러나 하나님의 말씀이라는 사실이 성경책 자체를 신성하게 하는 것은 아니다. 성경책도 다른 책들과 똑같은 책일 뿐이다. 그런데 샤머니즘적인 신앙을 갖게 되면 성경책을 대하는 마음가짐이 달라진다. 주물신앙적인 요소도 가미하게 되면서 성경책 자체를 소중하게 여기게 되는 것이다. 성경책은 하나님의 말씀이기 때문에 함부로 다루면 벌을 받을 수 있다거나 잘 보관하면 복을 받게 된다고 믿게 된다. 더 나아가 성경책을 몸에 지니고 있으면 불행을 막아줄 수 있을 것이라는 기대도 하게 된다. 이처럼 성경책을 책 이상의 어떤 신비한 능력을 발휘하는 매개체로 여긴다면 분명 이러한 마음은 주물신앙이라 할 수 있다.

● **어머니의 성경책**

한 어머니가 6·25전쟁 당시 전쟁에 나가는 아들에게 군복 윗주머니에 들어갈 만큼 작은 성경책을 챙겨 주면서, 이 성경책을 몸에 간직하면 분명 무사하게 살아 돌아오게 될 것이라고 신신당부하였다. 아들은 군복 윗주머니에 성경책을 넣고 전쟁에 나갔는데 그만, 적군의 실탄에 맞았다. 그런데 신기하게도 전혀 다치지 않았다. 잠시 후 정신을 차리고 보니 가슴에 넣어 둔 성경책에 적군의 총알이 박혀 있는 것이 아닌가! 성경책이 적군의 총탄으로부터 아들의 목숨을 구한 것이었다.

전쟁에서 적군의 총알을 막아 준 성경책! 과연 성경책이 아들을 지켜 준 것일까? 두꺼운 성경책 때문에 총알이 관통하지 못해 성경책이 아들을 지켜준 것은 사실이다. 하지만 성경책을 몸에 지니고 있었기 때문에 하나님이 아들을 보호해 주었다고 생각하는 것은 바른 믿음이 아니다. 성경책 자체에 신비한 능력이 있어서 그 사람을 특별히 지켜 준 것이 아니기 때문이다. 만약 그리스도인들이 성경책에 자신의 몸을 지켜 주는 어떠한 신비한 능력이 스며 있다고 생각한다면 이는 기독교적 신앙이 아닌 주물신앙이라 할 수 있다. 성경책은 하나님의 말씀을 기록한 '책'일 뿐이므로 몸에 지니고 다닌다고 해서 그 사람의 안전을 지켜 주는 것이 아니다.

그리스도인들은 예배를 드릴 때 성경책이 필요하여 교회에 가지고 다닌다. 그리고 성경을 읽으면서 성경에 쓰여 있는 하나님의 말씀을 이해하고 그 말씀대로 살기 위해 성경책을 지니는 것이다. 따라서 잠 잘 때 성경책을 베고 자면 잠을 잘 자게 되고 악몽을 꾸지 않는다거나 자신과 가족을 지켜 준다고 생각하는 믿음은 원시신앙이므로 잘못된 것이다.

② 헌금

기독교의 예배 순서에는 헌금이 있다. 헌금은 하나님께 받은 은혜와 사랑에 감사하며 그 마음을 표현하는 행위이다. 그런데 헌금을 많이 드릴수록 복(福)을 많이 받을 것이라 생각하고 드린다면 샤머니즘 신앙이라고 할 수 있다.

헌금은 자발적인 마음, 즉 감사하는 마음으로 드리는 것으로서 감사헌금, 십일조, 선교헌금 등이 있는데 복을 받기 위해서 또는 성공하기 위해서 드리는 것이 아니다. 기독교의 헌금 가운데 십일조는 그리스도인이라면 기본적으로 드리는 헌금으로서 소득의 1/10에 해당하는 금액이 십일조이다. 100만원의 소득이 있었다면 1/10인 10만원이 십일조 헌금이다. 하나님은 그리스도인의 소득 중에 1/10은 하나님의 것이라고 말씀하시며 그것을 하나님께 다시 바치라고 말씀하고 계신다. 만일 십일조를 드리지 않게 되면 하나님의 것을 도둑질한 것이라고 성경은 기록하고 있다.

그리고 십일조를 드리면 하나님께서 하늘 문을 여시고 복을 내려 주시겠다고 약속하셨다. 기독교는 복을 위한 종교는 아니지만 복을 받는 종교이다. 하나님의 말씀에 순종하고 믿음으로 생활하면 하나님께서는 복을 주신다. 십일조를 드리면 하나님은 복을 주시겠다고 말라기에 기록하고 있다.

그리스도인들에게 있어 십일조를 드리는 것은 기본적인 의무이다. 하지만 십일조를 드리기란 참으로 쉽지 않은데. 가정 형편이 어려우면 더욱 그렇다. 하지만 말라기의 말씀에 순종하는 믿음을 가지고 십일조를 드리면 하나님께서 복을 쌓을 곳이 없도록 부어 주시는 것을 경험하게 될 것이다.

그런데 교회에 드리는 모든 헌금을 복을 받기 위한 수단으로 여긴 나머지, 무조건 많이 드리면 그만큼 하나님께서 복을 주실 것이라고 믿는다면 이러한 믿음은 진정한 기독교적 믿음이 아니라 샤머니즘적인 신앙에 속하는 것이다. 십일조나 감사헌금이나 기타 모든 헌금을 드릴 때 하나님께 감사하는 마음으로 드리지 아니하고 복을 받기 위해 드린다면 그것은 잘못된 동기이며 그 동기는 샤머니즘 신앙을 유발시키는 원인임을 잊어서는 안 될 것이다.

③ 기도

기도는 하나님과의 친밀한 관계를 맺기 위한 기독교인들의 유일한 의사소통 수단이다. 기독교의 기도는 하나님과 영적인 교제를 나누는 시간이고 하나님과 대화하는 매우 중요한 시간이다. 기독교인들은 기도를 통하여 하나님께 자신의 연약함을 아뢰며 하나님의 도움을 구하고 하나님께 응답을 받는다. 또한 기도를 많이 하면 하나님이 이적과 기적을 일으키기도 하며 하나님의 특별한 도움을 받기도 한다. 그래서 그리스도인들은 고난이 올 때 하나님께 기도하여 하나님의 도움을 받으려고 한다. 그런데 만약 기도를 제대로 이해하지 못한 채, 기도만 하면 하나님이 그대로 응답할 것이라고 생각한다면 사람들은 아마도 기도를 아주 많이 하게 될 것이다. 나아가, 지극정성을 다해 기도에 임하게 될 것이다. 왜냐하면 기도하는 시간의 분량만큼 그리고 기도에 임하는 마음의 자세에 따라 자신의 기도가 응답될 것이라고 생각할 것이기 때문이다. 정성껏 기도만 하면 무엇이든 가능해진다고 생각하는 순간 교회에는 기도하는 사람들로 가득차고 넘치게 될 것이다. 기도를 많이 하면 자녀들이 우수한 대학에 입학하게 되고 원하는 사업이 척척 잘 되어간다고 생각해 보라. 하나님께서 기도의 분량과 마음의 자세를 통해 응답해 주시는 분이라고 한다면 상상할 수 없는 기이한 현상이 벌어져서 교회 안에는 기도하는 사람들로 인산인해가 될 것이다. 기도만 하면 무엇이든 이루어지니 당연히 이런 현상이 벌어지지 않겠는가!

그러나 다시 말하지만 기도는 복을 받기 위해서 하는 것이 아니다. 기도하면 무엇이든 잘 된다고 생각하는 것 역시 철저히 잘못된 생각이다. 기도를 많이 하면 대학에 합격하게 되며 사업이 잘 되는 것도 아니고, 기도는 '금나와라 뚝딱!' 하는 요술방망이가 아니기 때문이다.

이처럼 기도를 마치 자신의 원하는 것을 이루기 위해 하나님께 드리는 헌신이라고 생각하는 것은 샤머니즘적인 신앙이다. 샤머니즘적 신앙으로 기도하는 사람은 자신이 원하는 것을 기도하면 하나님께서 모두 다 응답해 줄 것이라고 생각한다. 응답되지 않는 것이 없다고 자신한다. 응답을 받기 위해 금식을 하며 모든 시간을 교회에 나가 기도한다. 기도를 많이 하면 하나님께서 그만큼 응답하실 것이라고 믿기 때문이다. 그러나 하나님은 그리스도인들이 기도를 많이 하는 모습을 보고 감동하여 응답을 주시는 분이 아니시다. 물론 하나님은 간절히 드리는 기도에 응답하신다. 하지만 기도하는 만큼, 노력하는 만큼의 대가로 응답을 차별화하지 아니하신다. 기도를 하면 하나님은 복을 주시며 기도에 응답한다. 이런 경우의 기도는 하나님과의 인격적인 만남이 우선된 믿음의 기도를 드릴 때 나타나는 것이다.

3 한국교회의 샤머니즘적 양태

교회에는 목회자(목사, 전도사, 강도사)가 있다. 교회를 다니는 신도들은 목회자를 존경하고 따르며 전적으로 의존하면서 그들의 권위를 매우 신봉하는 경우가 많다. 그러나 목회자를 향한 신도들의 지나친 의존은 샤머니즘적인 요소를 자아내게 하는 원인이 되기도 한다. 이를테면, 대부분의 신도들은 목사에게서 기도를 받으면 무조건 잘 될 것이라는 생각을 갖는데, 이는 진정한 믿음이 아닐 뿐 아니라 자신의 기대이자 자신이 만들어 놓은 원칙에 스스로 매이는 것에 불과한 것이다. 이런 신도들은 목회자에게 기도를 받으면 잘 될 것이라고 믿기 때문에, 자신의 일이 잘 되고 성공하기 위해서 목회자에게 기도를 청하며 목회자의 기도에 가끔은 고액의 헌금으로 보상한다. 그러나 이러한 모습은 절대로 기독교적이지 못하다. 물론, 목회자의 기도를 받으며 신의 도움을 기대할 수는 있다. 그리고 기도에 대해 감사하는 마음으로 감사의 표시를 할 수는 있다. 여기까지는 문제가 되지 않는다. 하지만 목회자 그것도 매우 유명한 목사일수록 기도의 응답이 확실하다고 믿고서 반드시 그 목사에게서 기도를 받겠다는 욕심을 품은 채 찾아가 상담하거나 기도를 받는다면 이는 분명 잘못된 믿음이며 바로 이러한 행동을 샤머니즘적 신앙이라 한다.

샤머니즘의 체계는 신과 샤먼 그리고 대중으로 구성된다. 샤먼은 신과 대중들 사이에서 신의 부름을 받은 사람이다. 사람들은 샤먼을 신의 대언자로 생각하기 때문에 샤먼의 권위를 최대한 높여서 샤먼의 말은 곧 신의 말이라고 생각한다. 이러한 생각은 강한 믿음이 되어 샤먼의 말에 무조건 복종하게 만든다. 또한 샤먼의 말에 복종하면 복을 받고 그렇지 않으면 벌을 받는다고 믿게 한다. 이처럼 샤먼은 샤머니즘적인 구조에서 매우 특별한 존재이다.

　기독교의 형태 역시 샤머니즘과 비슷한 구조를 가지고 있다. 하나님이 계시고 목회자 그리고 신도들이 있다. 하나님의 말씀을 신도들에게 대언해 주며 예배를 집례하는 성직자인 목회자, 바로 목회자의 위치가 샤머니즘에서 말하는 샤먼과 같은 위치이다. 구조적으로 보면 기독교의 목회자와 샤머니즘에서의 샤먼은 동등한 위치에 있다. 둘 다 신과 대중들 사이에 끼어 있기 때문이다. 이렇게 기독교와 샤머니즘은 구조적으로 비슷해서 교회에도 샤머니즘적인 요소가 가끔 나타나기도 한다. 이는 특히 목회자와 신도들 간의 관계에서 주로 나타나는데, 교회의 신도들 가운데 샤머니즘적 신앙을 가진 사람들은 샤머니즘 신앙을 가진 신도들이 샤먼을 대하는 것처럼 목회자를 대하게 된다. 이들은 신을 대신하여 신의 뜻을 대언하는 샤먼(한국에서는 무당)처럼, 목회자들 역시 하나님의 말씀을 대언하는 분으로서 목회자의 권위를 매우 높이 설정한다. 목회자가 사석에서 하는 말이나 권면까지도 하나님의 말씀으로 인식하여 무조건 순종하려고 하는데, 비록 사석에서 나눈 대화일지라도 목회자의 권면이나 충고 또는 지시에 불순종하면 하나님의 말씀을 어기게 되는 것이라고 믿고 있기 때문이다. 하나님의 말씀을 어기면 하나님이 분노해서 벌을 줄 것이라고 두려워하고, 이러한 두려움은 목회자의 권위를 더욱 높이는 원인이 된다. 신도들은 목회자를 존경의 대상이기에 앞서 두려운 존재로 여기며 목회자의 마음을 불편하게 하거나 화나게 하면 하나님이 대신 벌을 줄 것이라고 생각해서 목회자의 마음을 기쁘게 하려고 한다. 그래서 신도들은 목회자를 기쁘게 하기 위해 목회자의 말이라면 무조건 잘 따르고 순종하려 한다. 목회자들 역시 자신의 말에 전적으로 동의하며 순순히 순종하는 신도들을 좋아하게 되고, 그런 신도들을 신앙이 매우 깊다고 판단하게 된다.

　특히, 유교적 환경의 가정에서 자란 목회자들은 권위적인 성향이 강해서 자신의 말에 순종할 것을 요구하면서 권위적인 태도로 목회활동을 전개하는 경향이 있다. 여기에 샤머니즘적인 신앙이 결합하게 되면, '복'을 내세우면서 목회자의 말에 순종하면 복을 받을 것이라는 설교를 하게 된다. 이렇듯 샤머니즘과 유교적 사고방식을 가지고 목회를 하게 되면 '복'을 받기 위해 예배와 새벽기도 나아가 헌금생활을 매우 열심히 해야 한다고 강조할 뿐만 아니라 목회자의 권위에도 절대 순종하도록 강요한다. 이러한 목회자들은 신도들이 자신의 목회계획에 대해 다른 의견을 제시하면 분노하거나 외면해 버린다. 신도들이 복을 받기 위해서는 무조건 자신의 의견에 순종해야 한다고 생각하고 있기 때문이다. 따라서 대화나 타협이 매우 힘이 들고, 오직 자신의 주장과 계획, 생각에 모든 신도들이 한 마음으로 동참하여야 한다고 생각한다. 이러한 목회자의 생각, 가치관은 샤머니즘적인 신앙과 유교적인 신앙에서 영향을 받은 것이다. 물론 기독교는 권위를 매우 존중하는 종교로서 하나님의 말씀에 순종하고 목회자의 설교 말씀과 훈련에 적극적인 동참을 필요로 하고 있다. 목회자의 권위는 하나님께서 부여하신 것으로 신도들은 목회자의 권위를 존중해야 마땅하고, 설교와 개인적인 대화나 상담 등 목회자의 권면과 가르침을 존중하여 기쁨으로 순종하는 것이 당연한 것이다. 신도들뿐만 아니라 목회자도 자신에게 부여된 목회자의 권위를 스스로 존중하여 신도들을 말씀으로 가르치고 양육하는 과정에서 권위를 올바르게 사용해야 한다. 자신에게 잘해야 복을 받고 자신의 말에 복종해야만 좋은 신앙을 가진 사람이라는 생각은 버려야 한다. '복'을 받기 위해 예배를 드리고 기도를 하며 목회자의 말에 절대적으로 복종하려 하는 것 나아가, 성경을 읽거나 전도를 하는 등 모든 행위의 동기가 '복'을 받기 위함이라면 이것은 기독교적인 신앙이라기보다 샤머니즘적인 신앙으로 보아야 할 것이다.

서울의 어떤 교회에 대한 소문이 자자했다. 내용인즉, 그 교회에 다니는 고3 학생들의 상위권 대학 진학률이 다른 교회보다 높다는 것인데, 이 소문이 고3 학생을 둔 부모들의 입을 통해 퍼지기 시작하더니 급기야는 그 교회를 다니면 대학에 잘 합격한다고 하는 소문으로까지 번지게 되었다. 그러다 보니 고3 학생들이 좋은 대학에 합격하기 위해 그 교회로 몰려들었고 마침내 그 교회는 수험생들로 부흥하게 되었다. 어처구니없지만 이 이야기는 실제 사례이다. 여기서 우리가 깊이 생각해야 하는 것은 이 교회에 나오면 대학에 합격한다는 소문에 대한 믿음에 관한 것이다. 이 믿음이 수험생과 부모들의 마음에 자리를 잡자 그 믿음은 곧, 행동으로 옮겨지게 되었다. 바로 이 믿음, 즉 특정 교회에 나가기만 하면 대학에 합격하는 복을 얻게 된다는 믿음과 그로 인한 행동이 샤머니즘적 신앙이라는 것이다. 사실 대학 합격은 이런 교회에 나간다고 이루어지는 것이 아니다. 대학 합격률이 높은 교회에 나가면 저절로 대학에 합격하게 되는 것이 어떻게 가능하겠는가! 합격은 수험생에게 달려 있을 뿐이며 수험생이 열심히 노력한다면 그 수고의 대가로 마땅히 합격하는 것이 당연한 이치이다.

4 그룹 활동

이제, 그룹별로 모여 세 가지 질문에 대한 대답을 찾기로 하자. 대답을 찾았다면 커다란 종이에 간단하게 정리하여 각 그룹의 대표가 나와서 발표한다.

샤머니즘적인 생활 모습들 찾기

1 일상생활 속에서 샤머니즘적인 모습 찾기

2 내 삶에서 샤머니즘적인 모습들 찾아보기

3 교회에서 샤머니즘적인 모습들 찾아보기

세계의 종교들

기독교가 어떤 종교인지 이해하기 전에 타 종교를 먼저 살펴보고자 한다. 각 종교에는 각각의 독특한 이론과 아울러, 종교인이 갖추어야 할 생활에 관한 규율이 있다. 우리는 이것을 '교리'라고 부른다. 교리는 종교인으로서 어떻게 신앙 생활을 해야 하는지를 가르치고 있다. 기독교를 더욱 쉽게 이해하기 위해 각 종교의 교리와 원칙을 살펴보는 것이 그 지름길이 될 수 있을 것이므로 우선, 현재 전 세계적으로 많이 전파되어 있는 이슬람, 불교, 힌두교와 한국의 토착 신앙 그리고 이와 밀접한 연관이 있는 유교를 살펴보고자 한다.

이슬람은 어떤 종교인가? 지구상에서 가장 많은 지역, 가장 많은 사람들이 속해 있는 종교이며. 이슬람을 믿는 사람을 무슬림이라고 부른다. 이슬람은 어떤 종교인지 간단하게 살펴보자.

1 이슬람의 창시자

이슬람의 창시자는 마호메트(무함마드)이다. 그는 610년 경 알라의 계시를 받고 이슬람교를 창시했으며, 창시자의 이름을 따서 마호메트교라고도 부른다. 마호메트는 622년 메디나에서 신도들을 모아 630년 메카 함락에 성공한 후, 이슬람 공동체 '움마(Ummah)'를 세우고 이를 확장했으며, 이후 이슬람교는 아라비아 전역으로 퍼져 나갔다.

2 이슬람은 누구를 믿는가?

'알라'를 믿는다. 알라는 기독교의 하나님과 같은 존재로서 창조자이며 가장 전능하고 가장 위대한 신이다. 오직 알라만이 유일한 신이며 다른 신은 존재하지 않는다. 알라는 복을 주는 유일한 신이며 그러므로 백성들은 알라의 뜻대로 살아야 한다.

③ 이슬람의 경전

　　이슬람의 경전은 '코란'이다. 코란은 이슬람교의 경전(經典)으로, 이슬람의 예언자 마호메트가 610년 아라비아 반도 메카 근교의 히라(Hira) 산 동굴에서 천사 가브리엘을 통해 처음으로 유일신 알라의 계시를 받은 뒤부터 632년 죽을 때까지 받은 계시를 집대성한 것이다(출처: 한국 백과사전). 무슬림들은 코란을 절대시하여 읽고 암기하며 코란의 말씀대로 살려고 노력하고 있다.

④ 이슬람의 5대 의무

　　이슬람의 5대 의무를 오주라고 한다. 이 오주는 무슬림들이 반드시 지켜야 할 사항으로 지키지 않으면 그에 해당하는 벌을 받게 된다. 오주는 1.신앙 선언 2.예배 3.구빈세 4.금식(라마단) 5.성지순례를 말한다. 신앙 선언은 이슬람으로 개종하는 경우 자신이 이슬람으로 개종한 것을 공동체 앞에서 선언하는 것을 말한다. 예배는 하루 다섯 번(새벽, 정오, 오후, 해질 때, 밤) 정해진 시간에 메카를 향하여 무릎을 꿇고 기도하는 것을 말한다. 깨끗한 장소라면 어디서든 행한다. 예배 전에는 반드시 몸을 깨끗이 씻어야 한다. 그렇지 않은 예배는 무효다. 구빈세란 가난한 사람들을 위해 구제하기 위해 생활비의 1/40을 가난한 사람에게 나누는 것을 말한다. 무슬림들은 가난한 사람들을 위한 구제를 자연스럽게 여긴다. 금식은 1년에 한 달 동안 실시하는데, 해 뜰 때부터 해 질 때까지 아무것도 먹지 않는다. 이것을 '라마단 금식'이라고 한다. 라마단 금식 기간에는 모든 무슬림들이 동참하며 이 기간에는 가난한 사람들을 위한 기부를 한다. 마지막으로 성지순례란 바로 이슬람 창시자인 마호메트가 태어나고 이슬람이 태어난 기원지인 사우디아라비아의 메카로 가서 코란이 전달된 언덕 부근에서 자신들의 죄에 대한 용서를 위한 기도를 하는 것을 말한다. 무슬림이라면 일생에 한 번은 꼭 해야 할 의무이다.

이 다섯 가지의 의무 이외에 이슬람은 음식에 대해서도 매우 까다롭다. 먹어야 할 음식과 먹지 말아야 할 음식이 정확하게 구분되어 있으며 이 모든 규정은 코란에 명시되어 있다. 전 세계 무슬림들은 돼지와 술은 절대로 먹거나 마시지 않는다.

● 2. 힌두교(Hinduism)

인도교(印度敎)라고도 하는 힌두교는 불교의 영향을 받았고 AD 300년경부터 종파의 형태를 갖추면서 현재 인도인의 신앙 형태를 이루게 되었다. 힌두교는 인도의 전통적인 토속 신앙으로서 인도인의 삶을 지배하는 삶의 양식 그 자체로 자리하고 있다. 힌두교는 오랜 세월에 걸쳐 이루어졌기 때문에 특정한 교주가 없으며 종교로서의 구체적인 경전 또한 갖추고 있지 않다. 따라서 인도의 신화나 전설, 의례, 제도와 관습이 한데 어우러져 있다. 힌두교의 신 관념은 다신론이다. 따라서 특정 신을 믿도록 강요하지는 않는다.

1 힌두교와 인도의 카스트 제도

힌두교는 인도의 전부라고 해도 과언이 아니다. '인도가 곧 힌두교다.'라고 해도 좋을 정도이다. 이처럼 힌두교는 인도의 제도와 문화에 깊이 배어 있다. 특히, 카스트 제도는 인도의 대표적인 제도로서 힌두교 자체라고 할 수 있을 만큼, 제도인 동시에 종교로 자리 잡고 있다. 힌두교는 이 카스트 제도와 긴밀하게 연결되어 있다. 따라서 카스트 제도를 알면 힌두교를 안다고 해도 무방하다.

2 카스트 제도

인도는 사회 구조를 계급화하였고, 계급은 모두 네 단계로 나뉘어 있다. 브라만(Brahman), 크샤트리아(Kshatrya), 바이샤(Vaisya), 수드라(Sudra)가 그것이다. 브라만 계급은 승려 계급으로서 가장 권위 있고 높은 계층이다. 크샤트리아는 한국으로 말하면 공무원들을 말한다. 바이샤는 상인, 농민들이 해당이 된다. 마지막으로 수드라는 가장 낮은 신분으로 노예들이 해당된다. 카스트 제도의 특징은 각 계급은 세속되며 직업과 깊은 연관을 갖고 있다는 점이다. 직업이 곧 카스트 제도인 것이다. 대대로 세속되기 때문에 신분의 상승과 카스트 계급 간 이동은 불가능하다. 한 번 결정된 카스트는 영원한 것이어서 결혼도 같은 계급끼리만 가능하며 다른 계급 간 결혼은 불가능하다.

불교는 BC 6세기경 고타마 싯다르타(Gotoma Siddhartha, 석가모니)에 의해 창시되었다. 그는 사문유관(四門遊觀)이라 하여 인도 왕국의 태자 신분으로 태어나 부유하게 자라다가 어느 날 사성문 밖에서 늙은이와 병든 이, 죽은 이를 만나게 된다. 이때 그는 생(生) 노(老) 병(病) 사(死)를 가지고 살고 있는 인간의 삶에 대해 의문을 갖게 되고, 이 문제에 대한 답을 얻기 위해 먼 길을 떠난다. 집을 떠난 후 그는 오랜 고행과 수련의 시기를 거쳐, 드디어 그 해답을 얻게 되었고 자신이 깨달은 내용을 46년 동안 설법하였다. 그가 문득 마주친 사람들의 생(生) 노(老) 병(病) 사(死)가 불교를 일으키게 된 최초 동기라고 할 수 있다.

1 불교의 주요 사상

① 사성제(四聖諦)

사성제는 '네 가지 거룩한 진리'라는 말이다. 즉, 고(苦) 집(集) 멸(滅) 도(道)의 네 가지 진리를 사성제라고 하는데, 사성제는 붓다가 최초로 설법한 주요한 내용으로 깨달음에 이르기 위해 거쳐야 하는 과정을 말한다.

| 고성제(苦聖諦) |

첫 번째 출발은 고(苦)로서 괴로움을 의미하며 모두 여덟 가지의 괴로움이 있다고 한다. 여덟 가지 고(苦)는 생노병사(生老病死)와 애별이고(愛別離苦 – 사랑하는 사람과 이별하거나 좋아하는 것을 잃는 고통), 싫어하는 사람과 만나거나 싫어하는 일을 해야 하는 고통, 구하는 것을 뜻대로 얻을 수 없는 고통, 육체의 욕망과 집착으로 일어나는 고통 등을 말한다. 괴로움과 번뇌는 8만 4천 개라고 말하기도 한다.

| 집성제(集聖諦) |

집(集)이란 뜻은 모인 것이란 뜻으로서 집성제란 괴로움(苦)이 어디에서부터 오는가를 설명해 주는 것이다. 괴로움은 인간의 집착(욕망)에서 온다. 인간의 기본적인 욕망에 집착할 때 그때부터 괴로움이 오는 것이다.

| 멸성제(滅聖諦) |

멸성제란 인간이 자신의 욕망을 집착할 때 생기는 고통이나 괴로움을 사라지게 할 수 있는 방법을 말한다. 욕망을 향한 집착을 완전히 소멸하게 되면 영원히 평안하고 안락한 그리고 아무런 걸림이 없는 이상적인 경지에 도달할 수 있다. 이러한 경지를 열반(涅槃)이라고 한다.

| 도성제(道聖諦) |

도성제(道聖諦)는 괴로움이 소멸된 이상적 경지인 열반에 도달할 수 있는 구체적인 실천방법으로서 여덟 가지 바른 길, 즉 팔정도(八正道)를 말한다.

② 팔정도(八正道)

| 정견(正見) |

정견은 '바로 봄'을 뜻한다. 곧 올바른 견해이다. 옳고 그름을 분별하는 견해로서 편견 없이 있는 그대로 바로 보는 것을 말한다. 바로 보는 것이 바른 삶의 시작이다.

| 정사유(正思惟) |

정사유는 올바른 생각을 말한다. 바르게 마음을 먹는다는 뜻이다. 자신의 입장과 현실을 바르게 생각하고 있는 그대로 보려는 것을 말한다.

| 정어(正語) |

정어는 올바른 말을 사용하라는 것이다. 이는 '진실되고 올바른 언어생활'을 말한다. 즉 거짓말, 꾸며대는 말, 서로 이간시키는 말, 남을 성나게 하는 말 등을 하지 않는다는 것이다.

| 정업(正業) |

정업이란 올바른 행위를 말하는 것으로서 살아 있는 생명체를 아무런 이유 없이 죽이지 말고 도둑질과 같은 악한 행위를 하지 말라는 것이다. 다시 말해 선한 행위를 하며 살라는 것이다.

| 정명(正命) |

정명이란 '올바른 생활 수단'을 말하는 것으로서 바른 견해에 입각한 바른 몸가짐과 마음가짐을 실천하라는 것이다. 이는 올바른 생활과 정당한 방법으로 의식주를 해결하는 것을 의미한다.

| 정정진(正精進) |

정정진이란 올바른 노력을 의미하는 것으로서, 끊임없이 노력하여 물러섬이 없는 마음가짐을 지니는 것이다.

| 정념(正念) |

정념이란 올바른 기억을 의미하며 옳은 생각들을 잊지 않는 것을 뜻한다. 올바른 정신과 생각, 사념을 버리고 항상 향상을 위하여 정신을 집중시키는 것과 바른 생각을 말한다.

| 정정(正定) |

정정은 올바른 정신집중을 의미하는 것으로 마음을 한 곳으로 모으는 수행을 뜻한다. 올바른 참선이나 염불 기도의 수행이라고 할 수 있다.

2 한국의 불교

① 샤머니즘적 불교

불교는 시대를 거치면서 여러 차례 변화를 겪게 되었다. 초기 불교는 신관이 없었는데 후대에 힌두교의 영향을 받아서 신의 개념을 수용하게 되었다. 힌두교적 성격이 불교에 더해지면서 예배 형태도 도입되어 신의 이름을 부르면서 신에 대해 기도하는 형태가 시작되었다. 붓다 이후에는 분파가 생겨 대승불교, 소승불교의 형태로 나뉘게 되는 등 많은 변화를 겪게 되었다. 이러한 진통을 겪는 가운데 우리나라에 전래·정착되는 과정에서 새로운 변천을 겪게 되는데, 그것은 유교와 샤머니즘의 만남이다. 다시 말해, 불교는 원시신앙인 샤머니즘과 유교적 사상이 이미 자리 잡고 있는 상황에서 유입되었고 그러한 사상 및 신앙적 바탕 위에서 새로운 불교로 재탄생하게 된 것이다. 불공을 드릴 때면 헌금과 곡식을 가지고 와서 기도하는데, 이는 샤머니즘의 영향을 받은 결과로서 샤머니즘의 복과 행위개념이 불교에 그대로 접목된 모습인 것이다. 특히, 유교보다는 샤머니즘의 영향을 더욱 많이 받았음은 귀신을 내쫓는 축사나 복을 기원하는 특별기도 등에서도 찾아볼 수 있다. 즉, 한국 불교는 인간의 고통을 벗어나기 위해 해탈의 길을 걷는 최초 불교의 성격보다는 샤머니즘적 성격이 더 많이 드러나 보이는 불교로서 새롭게 탄생되었다 하겠다.

② 원불교

원불교는 우리나라의 민족종교이다. 원불교 교조 중빈(소태산 대종사)은 1891년 5월 5일 전남 영광에서 평범한 농민의 아들로 태어났다. 어려서부터 우주와 인생에 대한 의문을 품었지만 한학(漢學)공부로는 풀 수 없어서 산상기도와 도사(道士)를 찾는 일에 열중하였고 마침내 1916년 4월 28일, 큰 깨달음에 이르게 되었다. 우주의 근본원리인 일원상(一圓相, 즉 O의 모양)의 진리를 신앙의 대상과 수행의 표본으로 삼

는 종교로서, 진리적 신앙과 사실적 도덕의 훈련을 통하여 낙원세계를 실현시키려
는 이상을 내세우고 있다. 원불교는 불교를 개혁한 종교로서 생활종교로 분류된다.
전통적인 불교는 속세를 떠나 깊은 산속에 절을 짓고 그곳에서 수도를 하는 것이 보
편적이지만, 시대의 변화에 따라 바쁜 일상 중에 깊은 산속까지 들어가 불공을 드리
는 것이 어렵게 되자 일상에서 쉽게 불교의 도를 배우고 생활에 접목할 수 있도록
하기 위해 원불교가 생겨난 것이다.

● 4. 유교

1 유교의 창시자 공자(孔子, 기원전 552년 – 479년)의 생애

유교는 중국의 한 철학 유파로서 공자에 의해 주창되었다. 공자의 이름은 구(丘)인
데 위대한 스승을 일컫기 위해 구(丘)대신 '자(子)'를 붙여 공자(孔子)라 부르며 주전
6세기 경 춘추전국시대 말 중국 노나라에서 태어났다. 그의 집안은 명문 가문이었으
나 몰락한 이후, 홀어머니 밑에서 가난하게 자랐다. 그러나 남달리 비범하였고 학문
에 대한 열정이 있어서 자신보다 지식이 많은 사람이 있으면 반드시 배움을 청하곤
하였다. 17세에 말단 관리가 되어 나랏일을 보면서 노나라의 대학에서 시경과 서경
등을 배웠고, 또 여러 가지 의식을 맡아보는 관리에게서 예법과 음악도 배우기도
하였다. 공자는 청년시절부터 시경과 서경의 저자인 주공(周公)을 존경하여 평생 동

안 마음의 스승으로 모시기까지 하였다. 공자는 주공의 가르침처럼 예의 바르고 평화로운 세상을 이상으로 삼았으며, 정치는 법률보다 덕으로 다스려야 한다고 생각하였다. 사람을 중심으로 생각한 그는 신이나 영혼에 대해서는 언급하지 않았다. 56세에 관직에서 물러난 후 공자는 고향으로 돌아와 제자들을 가르치는 데 힘을 쏟았고 여러 주변국가들의 왕과 정치가들에게 올바른 통치의 길을 제시하였다. 그러나 공자의 가르침을 받아들이는 왕들이 없자 이 무렵부터 공자는 정치가로서의 신분에서 벗어나 교육자로서의 생활을 시작하였다. 그러자 공자를 따르는 제자들이 무수히 모여들게 되었고 이후 많은 제자들을 가르쳐 국가의 인재를 양성하였다. 공자는 말년을 불행하게 지내다가 기원전 479년 72세에 제자들이 지켜보는 가운데 숨을 거두었다. 공자가 세상을 떠난 후 제자들은 공자와 나누었던 대화와 공자의 사상을 모아 논어(論語)를 펴냈다. 제자들에 의해, 공자의 가르침은 유교로 탄생하게 되었고 논어는 유교의 경전이 되었다. 논어는 중국 사회의 정치, 윤리 도덕의 규범이 되었고 유교 사상은 조선 시대의 정치, 학문, 법률, 도덕, 윤리 등 사회의 기본적인 규범이 되었다.

2 유교의 경전

유교의 경전은 사서오경(四書五經)이다. 이는 사서(四書)인 논어(論語), 맹자(孟子), 대학(大學), 중용(中庸)과 오경(五經)인 시경(詩經), 서경(書經), 역경(易經), 춘추(春秋), 예기(禮記)로 구성되어 있다. 사서의 주요 내용은 유교인의 기본 자질을 기르는 정치, 도덕, 사회, 문화의 준칙으로 이루어져 있고, 오경은 공자가 직접 제자들에게 가르쳤던 교육과목이다. 사서오경 가운데 유교의 경전으로는 논어가 대표적으로 꼽힌다. 논어는 중국의 사상가 공자(孔子)의 가르침을 제자들이 후대에 정리한 책으로서 공자와 제자들과의 문답, 공자의 발언과 행적 등 인생의 교훈이 되는 내용으로 구성되어 있다. 한나라 후기에 이르러 현재와 같은 형태로 정리되어 논어라는 이름으로 불리게 되었으며 전20편, 482장으로 구성되어 있으나 내용이 서로 비슷해서 글의 내용이 산만하다는 평가도 받고 있다. 우리나라에는 삼국시대에 전해진 것으로 추정된다.

3 유교의 주요 내용

유교의 내용은 매우 방대하여 간단히 설명하기가 쉽지는 않지만 한 마디로 말하면, '인간이 평생 살면서 지켜야 하는 도리' 라고 할 수 있다. 사회적 존재인 인간은 태어나는 순간부터 관계 속에서 살게 되어 가족관계, 친구관계, 선후배관계, 직장동료관계, 스승과 제자의 관계, 이웃과의 관계, 부부와의 관계를 맺게 된다. 이처럼 관계는 사람과 사람이 만났을 때 이루어지는, 보이지 않는 생활양식이자 태도이다. 유교는 이러한 인간의 기본적인 관계에 관한 가르침을 주는 종교라고 할 수 있으며, 왕으로서 신하에게 대하는 관계, 신하가 왕에게 가져야 할 바른 관계, 스승과 제자들이 가져야 할 관계, 가족들과 가져야 할 바른 관계, 친구들과 가져야 할 올바른 관계 등 인간이 맺는 관계의 바람직한 모델을 제시하고 지도해 준다. 공자는 인간의 본성이 어질다고 보았으며 이것을 인(仁)사상이라고 한다. 인은 사람이 타고난 고유한 인간성으로서 사랑의 원리이자 착한 마음씨이기도 하다. 따라서 유교는 사람을 세계의 중심체로 보며 또한, 인격을 추구하기 때문에 예절을 중요시하는 것이다.

4 조선시대의 새로운 유교 – 성리학의 발전

조선의 유교는 건국이념이자 나라를 다스리는 통치의 근본이었다. 조선 이전의 왕조들이 불교나 도교를 국가의 통치이념으로 삼았던 것에 비해 조선은 성리학적 유교이념을 국가통치와 인재교육의 근본으로 삼았다. 송나라의 주희(주자)가 유교의 해석을 예전과 다른 방식으로 해석하여 정리하였는데 이것이 주자학, 즉 성리학이며 조선 왕조 600년을 지탱한 사상의 핵심이 되었다. 성리학은 유교의 현실적인 가르침을 철학적으로 변형시킨 것이다. 조선 전기에는 실용주의적 유교관이 정립되어 기술, 역법, 상업 등이 많이 발전했지만, 조선 후기에 들어서서 성리학적 유교사상만을 강조한 경직된 도학적 유교관이 팽배하면서 기술, 상업 등의 기타 실용학문을 천시하는 사회풍조가 만연하게 되었다. 이 시기에는 성리학이 사회 곳곳에까지 정착됨에 따라, 조선사회는 남녀유별, 장유유서 등을 기초로 한 가부장적 문화와 질서가 확고하게 자리 잡게 되었다. 대표적인 학자로는 사경덕, 성수침, 이황, 조식, 이이를 들 수 있다.

현재 한국 사회의 밑바탕에 흐르고 있는 사상은 조선시대의 유교, 즉 성리학이라고 할 수 있다. 위아래 순서를 중요시하여 높고 낮은 신분의 구분을 분명히 하였고

윗사람은 권위에 의해 아랫사람의 숭상을 받았다. 어른들은 명령하고 아랫사람들은 순복하며 특히, 가족의 어른은 공경해야 할 대상이었다. 심지어 죽은 이후에도 효를 다해야 한다는 사상이 성리학의 주요 개념이므로 조상신에 대한 제사가 중시되었다. 즉, 조상을 잘 받들어야 조상의 신들이 가문을 도와준다고 믿었는데, 이는 철학 사상이 신의 존재를 인정하는 부분이라고 할 수 있다. 성리학의 영향은 아직도 우리 사회에 깊이 뿌리 내리고 있다. 이러한 양상은 특히 다른 지역에서보다 경상도와 제주도 지역에서 더 많이 나타난다. 남자와 여자에 대한 확실한 구분을 지어서 남자는 부엌에 들어가지 않아야 한다, 남자는 울면 안 된다, 남자는 강해야 한다거나 여자의 경우에는 그와 정반대로 규정되고 제한되는 사고방식이 보편적인데 이러한 사고와 의식은 사회의 경직성을 강화시킨다는 점에서 그다지 긍정적이지 못한 것이며 이들은 대부분 유교의 영향에 의한 것이라 할 수 있다. 반면, 가족을 중시하고 대가족을 선호하며 추석 같은 명절에는 모든 가족들이 한 자리에 모여 예를 갖추는 문화와 풍습에서는 긍정적인 의미와 가치를 찾아볼 수 있겠다.

한국의 전통적인 사고방식은 매우 유교적이다. 삼국시대부터 전래되어 온 유교는 한국 역사 속에서 한국인들의 삶에 깊이 배어 버렸고, 불교 역시 유교적인 영향을 받은 불교로 변화되었다. 이처럼 한국은 유교적 문화권에 속해 있는데, 유교의 창시자인 공자가 주장한 내용보다는 송나라 주자에 의해 재해석된 성리학이 한국의 문화를 이루었다고 볼 수 있다.

우리나라 사람들은 유교라는 사상적 또는 종교적 배경 위에서, 태어날 때부터 유교 문화권의 영향 하에서 성장하므로 한국 사람이라면 누구나 유교적인 사고방식과 삶의 모습에 익숙해진다. 예로부터 동방예의지국이라고 일컬어졌을 정도로 어른을 공경하고 받드는 예의는 한국인의 기본 정서이며 이에, 어른들은 아랫사람을 다스리기 위한 권위를 부여받게 되고 그 권위는 좀처럼 위협받지 않았다. 이러한 위아래의 구분과 질서 체계에 익숙한 한국 문화에 서구의 사상적 배경을 지닌 기독교가 유입되었고 이후, 정착하는 과정에서 유교의 영향을 적지 않게 받게 되었다. 이에, 하나님을 섬김에 있어서도 유교적 사고방식으로 해석함에 따라 하나님을 절대 권위자로 이해하게 되었고, 목회자 역시 최고 권위자의 지위를 부여받게 된 것이다. 결과적으로 한국의 기독교는 유교적인 색채를 많이 띠게 되있는데, 그중 목회자에 대한 부분은 성경적이기보다 오히려 유교적인 요소가 더욱 강하다고 할 수 있다. 기독교는 섬김의 종교이다. 예수 그리스도는 십자가에 못 박혀 죽기 전 제자들의 발을 닦아줌으로써 스승이 제자를 섬기는 섬김의 본을 보여주었다. 이렇듯 기독교는 높은 자가 낮은 자를 섬기는 종교이다. 유교적 관점에서는 당연히 제자가 스승의 발을 닦아야겠지만 기독교는 그와 반대로 스승이 제자의 발을 닦는 것이다. 한국 기독교가 많은 발전과 부흥을 이루었음에도 안타깝게 생각되는 부분은, 한국의 고유문화인 유교적 영향을 많이 받은 나머지 다분히 유교적인 기독교로 재형성되었다는 것인데, 이는 현재 한국 기독교가 지탄을 받고 있는 이유이기도 하다.

　지금까지 세계의 종교 가운데 이슬람, 힌두교, 불교, 유교에 대해 간단히 살펴봄으로써 각 종교가 무엇을 주장하고 있으며 어떤 목적으로 발생했는지 그리고 현재 어떤 모습으로 종교 생활을 하는지 알아보았다. 위 종교를 살펴본 결론부터 말하자면, 종교는 그들의 삶이라고 말할 수 있고 곧, 그들의 삶이 곧 종교라고 할 수 있다는 것이다. 예를 들어, 이슬람국가의 문화는 모두 코란이라는 경전을 따르고 있어서 무슬림들은 태어나서 죽을 때까지 코란에 적혀 있는 것을 실천하게 된다. 즉, 그들의 삶은 코란을 떠나서는 존재할 수 없다는 것이다.

　힌두교 역시 삶은 곧 종교라고 볼 수 있다. 가족 체계, 직장 또는 직업관, 운명적 가치관 등 모든 것이 다 종교적이다. 힌두교인들이 철저한 계급사회를 인정하고 그 굴레 안에서 갇혀 사는 것에 아무런 의문을 갖지 않고 당연하게 받아들이며 살아가는 것은 그들의 종교 때문이다. 그들은 단 한 번도 자신의 굴레를 벗어나려 하지 않고 그런 시도조차 하지 않는다. 그것이 신이 허락한 삶이라는 것을 받아들이고 살기 때문이다. 불교 역시 삶의 궁극적인 문제를 해결하기 위해 만들어진 종교이다.

　이처럼 종교는 삶을 떠나서는 존재할 수 없다. 종교가 삶과 직접 연관되어 있기 때문이다. 특히 이 부분에서 이슬람은 가장 강력한 종교다. 지구상에서 이슬람만큼 강력하게 삶과 직결된 종교가 또 있을까? 그들은 코란과 위배된 행동을 할 경우에는 죽음으로 갚는다. 즉, 사느냐 죽느냐가 곧 코란을 지키느냐 아니냐에 달려 있는 것이다. 라마단 금식 기간이 되면 지구 상의 모든 나라에 살고 있는 무슬림들은 대부분 빠지지 않고 철저히 금식에 참여한다. 이기간 동안에는 서로 감시하면서 원칙을 지키지 않는 무슬림을 발견하면 당국에 고발도 한다. 고발당한 사람은 법에 의해 체포되어 감옥에 간다. 전쟁 중에도 하루에 다섯 번 드리는 기도 시간만큼은 반드시 지킨다. 외부인들이 자신의 집에 방문했을 때 무슬림들은 최대한 손님을 접대하는데 손님이 스스로 떠나기 전까지 먼저 떠나라고 하지 않으며 최대한 손님을 극진히 모신다. 모두 코란에 기록된 대로 따르고 있는 것이다. 이슬람은 이런 면에서 삶과 가장 밀접한 종교이다. 유교 역시 삶을 배제하고는 한 마디도 남는 것이 없을 만큼 다분히 생활적인 종교이다.

이러한 종교적 삶을 보면서 기독교는 과연 어떤가를 생각해 본다.

기독교인들은 성경에서 가르쳐 준대로 살고 있을까? 무슬림들처럼 목숨을 내걸고 성경의 말씀대로 살려고 할까? 원수를 사랑하라는 말씀을 현재 기독교인들은 얼마나 지키고 있는 것일까? 예수 그리스도는 용서를 끝없이 하라고 하셨다. 그렇다면 그리스도인들은 예수 그리스도의 말씀대로 용서하며 살고 있을까? 오른손이 하는 것을 왼손이 모르게 하라는 말씀대로 그리스도인들은 가난한 사람들을 아무도 모르게 구제하고 돌보고 있을까? 진정 이 시대를 사는 그리스도인들은 삶으로서의 종교를 얼마나 실천하며 살고 있는지 묻고 싶다.

기독교 역시 타종교처럼 삶을 떠나서는 존재할 수 없는 종교로서 어쩌면 타종교보다 삶을 더욱 강조하는 종교이다. 예수 그리스도를 믿고 하나님의 자녀가 된 그리스도인들은 하나님의 말씀을 지키며 진정한 그리스도인으로서 살아야 한다. 이것이 기독교의 핵심이다. 그리스도인으로서 살기 위해 이제 우리는 예수님의 가르침을 자신의 삶에 적용시키며 날마다 새로운 삶으로 변화되어 성숙한 모습으로 나아가야 할 것이다.

제 **3** 부

기독교의 이해

1

기독교의 진리와 가치관

우리는 앞에서 원시신앙과 세계의 종교들 그리고 유교에 대해 살펴보았다. 기독교의 진리를 알기 전에 타 종교들을 살펴본 이유는 기독교를 더욱 명확하게 이해하고자 함에 있다. 또 한 가지는 교회를 다니지 않는 사람들에게 기독교를 전하기 위해 무조건 기독교만을 이야기 하게 되면 오히려 심리적 부담 때문에 역효과를 가져올 것이기 때문이다. 이제, 앞에서 살펴본 타 종교의 특성들과 비교하여 기독교에 대해 이해하고자 한다.

성경의 가장 앞 부분에 있는 창세기 1장 1절에 보면 '태초에 하나님이 천지를 창조하시니라.' 라고 기록되어 있다. 태초란 아무것도 존재하지 않았던 아주 먼 과거를 의미한다. 아무것도 없는 상태에서 하나님은 이미 존재하고 계셨고, 하나님은 이러한 상태에서 온 우주 만물을 만드셨다. 재료도 없는 완전한 무(無)의 상태에서 새로운 무엇인가를 만들었던 것이다. 어둠만이 있던 곳에 빛을 만드신 후에 하늘과 땅, 바다를 만드시고 하늘에 나는 새들과 땅에 사는 온갖 짐승 그리고 여러 생명체를 만드셨다. 그리고 마지막으로 사람을 창조하셨다. 사람은 흙으로 빚어 코에 생기를 불어넣어 만드셨는데, 처음에는 남자를 만드셨고 그 남자의 갈비뼈를 뽑아 여자를 만드셨다. 하나님은 두 사람을 만드시고는 모든 피조물들을 관리하고 다스리는 책임을 부여하셨다.

기독교의 역사관은 창조론으로부터 시작된다. 창조론과 반대되는 이론은 진화론인데, 진화론은 지구의 기원이 미생물인 아메바라는 이론을 근거로 하여, 아주 작은 분자들이 분열하고 또 분열하여 세월이 흐르면서 서서히 고등동물로 진화해서 지금의 인간이 되었으며, 먼저 있었던 동물의 시대로부터 수많은 세월이 흐른 뒤 완전한 인간이 되었다고 주장한다. 그러나 진화론은 이미 많은 과학자들이 부정하고 있는 이론이다. 현대과학에서 진화론을 부정하는 가장 큰 근거는 DNA 구조에 있다. DNA는 인간을 규정짓는 매우 정교한 조직으로서 세월이 흘러도 절대로 변하지 않는 특성을 지닌다. 과학자들은 이러한 DNA 조직을 발견하고부터 진화는 불가능하다고 믿고 있다. 기독교는 하나님께서 우주 만물과 인간을 창조했다고 믿는다. 그러므로 기독교는 바로 창조주 하나님이 이 세상을 창조할 때부터 시작된 것이다.

　기독교는 인간의 시작을 정확하게 말해주는 동시에 죄의 시작도 분명히 말해주는데, 창세기에서는 인간의 창조와 죄의 시작을 자세하게 기록하고 있다. 인간은 하나님에 의해 창조된 피조물이다. 하나님은 남자(아담)와 여자(하와)를 만드시고 그들을 에덴동산에서 살게 하셨다. 에덴동산은 살기 좋은 곳이었고 먹을 것이 많았다. 아담과 하와는 그곳에서 온갖 과일을 먹으며 행복하게 살았다. 그러던 어느 날 하나님이 아담과 하와를 부르시고는 그들과 한 가지 약속을 하셨다. 에덴동산에 있는 모든 나무의 열매는 마음껏 먹되 동산 중앙 꼭대기에 있는 선악과열매는 절대로 먹지 말라는 것이었다. 아담과 하와는 하나님의 명령이므로 약속을 지키겠다고 다짐했고, 하나님은 만약 이 열매를 먹는 날에는 죽음이 올 것이라고 경고하셨다. 아담과 하와는 동산을 거닐며 행복한 시간을 보냈다. 배가 고프면 동산에 가득한 과일을 따서 배불리 먹었고, 동산을 거닐다가 동산 중앙에 올라 선악과나무를 볼 때면 두 사람은 서로 마주보며 하나님께서 먹지 말라고 하신 약속을 떠올리곤 했다. 즉, 선악과를 볼 때마다 두 사람은 하나님의 말씀을 생각한 것이다. 이렇게 그들은 선악과를 먹지 않았고 그 열매를 볼 때마다 하나님과의 약속을 떠올리며 하루하루를 지냈다. 그러던 어느 날 두 사람 앞에 뱀이 나타났다. 뱀은 두 사람에게 하나님께서 먹지 말라고 한 선악과의 열매를 먹어도 좋다고 말을 건넸지만 아담과 하와는 뱀의 말을 듣고도 곧바로 무시했다. 하나님과의 약속을 어떻게 어길 수 있겠는가! 그런데 뱀은 두 사람을 만날 때마다 선악과의 열매를 따먹어도 좋다고 끈질기게 유혹해 왔다. 하나님께서 혼자 먹으려고 남겨둔 과일이라느니 또는 선악과를 먹으면 눈이 밝아져 하나님처럼 볼 수 있게 된다느니 하는 등의 거짓말로 두 사람을 유혹했다. 처음 두 사람은 뱀의 유혹에 절대로 넘어가지 않을 만큼 확고했지만 끈질긴 뱀의 유혹에 넘어간 하와는 하나님과의 약속을 의심하면서 뱀의 말이 맞는 것 같다는 생각을 하게 되었다. 왜냐하면 선악과의 열매를 보니 정말 맛있게 생긴 데다 하나님처럼 눈이 밝아질 것 같아 보였기 때문이다. 뱀은 마음이 흔들리는 하와에게 더욱더 유혹의 손길을 뻗쳤다. 그러던 어느 날 선악과 앞을 지나가던 하와에게 뱀이 또 유혹을 해왔다. 그날은 유난히 뱀의 말이 맞게 느껴졌고 하와는 순간 하나님과의 약속을 잊어버린 채 금단의 열매인 선악과에 손을 대 과일 하나를 따 먹었다. 성경에는 선악과의 열매가 맛있는지는 기록되어 있지 않지만 한 번도 먹어보지 못한 과일이기에 새로운 맛을 느꼈을 것이라고는 생각된다. 하와가 과일 한 개를 더 딴 후 아담에게로 가져가 아담에게 건네주자, 아담은 처음 보는 과일 같았지만 별다른 생각 없이 먹었다. 과일을 먹고 난 후 이 열매가 어떤 열매인지 아담이 묻자 그때서야 하와는 사실대로 고백했다. 아담이 하와의 고백을 듣고 어떤 반응을 보였을지 참으로 궁금하지만 성경에는 아담이 어떤 반응을 보였는지 기록되어 있지 않다. 하나님과의 약속을 어겼기 때문에 두 사람은 하나님을 두려워하게 되었고 하나님을 피하게 되었으며 결국, 하나님은 아담과 하와가 선악과의 열매를 따 먹은 것을 아시게 되었다. 하나님은 자신과 약속을 어긴 아담과 하와에게 벌을 내리셨다. 에덴동산에서 쫓아내시면서 아담에게는 땀 흘려 일하며 살게 하셨고 하와에게는 출산의 고통을 갖게 하셨으며, 다시는 오지 못하도록 하셨다. 또한 아담과 하와가 약속을 어김으로 말미암아 하나님이 약속한 '죽음'을 받게 되었는데, 이때 죽음은 생명의 다함 또는 숨이 멈추는 죽음도 의미하지만 기독교에서는 또 한 가지의 죽음, 즉 영적인 죽음, 다시 말해서 몸이 죽은 후 영은 하나님이 계신 영원한 천국에 가지 못하고 지옥에 가는 것을 의미한다. 아담과 하와가 선악과를 따 먹지 않았다면 죽음은 오지 않았을 것이다. 하지만 그들이 하나님과 맺은 약속을 깨뜨림으로써 죽음은 시작되었고 영은 지옥으로 가게 되었다. 이것이 기독교가 말하는 인간의 창조와 죄의 시작이다.

인간은 하나님이 창조하신 피조물인데. 피조물인 인간이 하나님과 맺은 언약(약속)을 어긴 것이 인간이 지은 최초의 죄가 되었다. 기독교에서는 이 죄를 '원죄' 라고 부른다. 원죄에 대해서는 제 2장 기독교의 죄 이해에서 다시 다루기로 하겠다.

● 3. 기독교의 가치관

대중들은 기독교를 '사랑의 종교' 라고 이해하고 있으며 또 그런 종교인 줄로 믿고 있다. 그렇다. 기독교는 사랑의 종교다. 이것은 기독교가 어떤 종교이며 또 추구해야 할 것이 무엇인지를 설명해 주고 있는 말인데 기독교가 사랑을 실천하는 종교이기를 바라고 올바른 종교이기를 바라는 사람들의 마음을 읽을 수 있는 표현이다. 그러나 이러한 기대와 달리 현 기독교는 사랑의 종교로서 제대로 그 역할을 다하지 못하고 있어서 많은 사람들이 현 기독교에 대해 실망하고 기독교를 비판하고 있다. 교회를 다니는 그리스도인들만이라도 생활 속에서 조금이라도 사랑을 실천하며 모범이 되었다면 기독교에 대한 실망과 비판은 그리 많지 않았을 것이다. 그렇다면 왜 그리스도인들이 사회 속에서 기독교의 사랑을 실천하지 못했을까? 또한 왜 모범이 되지 못했을까? 여러 가지 이유가 있겠지만 가장 큰 요인은 사랑을 어떻게 실천해야 하는지 그 방법을 교회가 제대로 가르쳐 주지 않았기 때문이라고 생각한다. 그리스도인으로서 사람들과 어떻게 관계해야 하며 어떻게 해야 모범이 되는 삶을 사는지 그 구체적인 방법을 제시하는 것이 부족했고 나아가, 이러한 삶이 얼마나 중요한지를 가르치는 것에서도 부족했다. 대부분 교회 안에서의 신앙생활을 어떻게 해야 하는지만 주로 다루었기 때문에 교회생활과 일반 사회생활을 조화롭게 균형 잡을 수 있도록 교회가 교육을 제대로 하지 못한 결과이다. 이제, 교회는 그리스도인들에게 교회생활과 사회생활에 대해 바른 교육을 시켜야 한다. 오히려 교회 밖의 삶에 대해 더 많은 부분의 성경적 가르침과 그리스도인으로서 사회생활을 어떻게 해야 하는지를 가르쳐야 한다. 그래서 기독교인들이 세상의 빛의 역할을 감당하여 더 이상 비판을 받지 않고 모범이 되도록 힘써야 한다. 그렇다면 교회에서 강조해야 할 기독교 가치관은 무엇일까? 무엇을 가르쳐야 기독교가 세상 사람들에게 본이 될 수 있을까? 이 질문의 답은 바로 '사랑' 이다. 사랑은 교회가 그리스도인들에게 끊임없이 가르쳐야 할 주제이다. 즉, 기독교의 사랑이 무엇인지 반드시 가르쳐야 한다. 기독교의 사랑은 과연 무엇일까?

● 4. 하나님의 사랑

기독교는 '사랑의 종교' 라고 할 때 사랑은 무엇으로 설명할 수 있을까? 그것은 하나님의 사랑이다. 하나님께서 아담과 하와를 창조하신 이후 에덴동산에 살게 한 것이 하나님의 인간을 향한 사랑이다. 창조물인 두 사람을 사랑하셔서 따로 에덴동산을 만드시고 그곳에 살게 하셨으며 동산의 모든 열매들을 먹으라고 허락하셨다. 그리고 매우 사랑하신 나머지 아담과 하와와 대화하시길 좋아하셨다. 늘 두 사람 곁에서 돌봐주시고 인도해 주셨다. 이렇게 하나님은 아담과 하와를 창조하실 때부터 사랑을 표현하셨다. 하나님은 두 사람을 사랑하신 나머지 창조자인 하나님을 잊지 말라고 하시면서 에덴동산 중앙에 있는 선악과의 열매를 먹지 말라고 당부하셨고 두 사람은 그렇게 하기로 하나님과 약속하였다. 왜 하나님께서 모든 열매는 따 먹을 수 있게 하셨으면서 유일하게 선악과를 먹지 말라고 했는지 하나님의 의도를 정확히 알 수는 없다. 그것은 하나님만이 아시기 때문이다. 하나님은 아담과 하와에게 당신이 그들의 창조주로 기억되길 원하셨을 것이다. 그래서 두 사람에게 선악과의 열매를 먹지 말라고 하셨을 것이다. 분명 두 사람은 에덴동산을 거닐면서 선악과 곁에 왔을 때 하나님과 맺은 약속을 기억했을 것이다. 나무를 볼 때마다 하나님을 생각하고 하나님의 약속을 떠올렸을 것이고 두 사람이 서로 사랑하고 동산을 다니고 있을지라도 선악과를 보면 하나님을 기억하게 되었을 것이다. 하나님은 아담과 하와가 하나님을 잊고 사는 것을 원치 않으셨을 것이다. 언제든 자신을 지은 하나님을 기억하길 원하셨을 것이기 때문에 하나님은 에덴동산 중앙의 선악과만큼은 먹지 말라고 하셨을 것이다. 그런데 문제가 생겼다. 뱀이 아담과 하와에게 다가와 하나님과의 약속을 깨뜨리도록 유혹한 것이다. 끊임없는 유혹에 두 사람은 결국 선악과를 먹게 되었고 그로 인해 하나님과의 약속을 깨뜨리게 되었다. 하나님과의 약속을 어김으로써 죄를 지은 두 사람은 죄 때문에 하나님과 멀어지게 되었다. 그뿐만 아니라 아담과 하와의 자손들에게 죄가 흘러가게 되었고 그 죄로 말미암아 지옥에 가게 되었으니 하나님의 마음은 얼마나 아팠을까! 하나님께서는 그들을 너무나 사랑하셨기 때문에 죄로 인해 지옥에 가는 것을 안타까워하셨다. 그래서 죄에 있는 모든 사람들을 구원할 수 있는 방법을 고안해내셨다. 바로 하나님의 독생자 예수님을 이 땅에 인간으로 보내 인류의 모든 죄를 대신하여 죽게 하는 것이다. 즉, 사랑하는 인간을 위해 자신의 아들을 이 땅에 보내시고 십자가에 못 박혀 죽게 하심으로써 인류의 죄를 모두 씻어 주는 것이었다. 예수님은 하나님의 아들이다. 그 아들을 자신의 피조물인 인간을 구원하기 위하여 이 세상에 인간의 몸으로 보내신 것이다. 자신의 아들을 보낸 것은 하나님이 인간을 사랑했기 때문이다.

이처럼 하나님은 처음부터 인간을 사랑했고 그 사랑은 지금도 변치 않는다. 하나님의 사랑은 영원하고 조금도 흔들림이 없는 그러한 사랑이다.

● 하나님은 사랑이라는 성경구절 | 요한일서 4:16

'하나님이 우리를 사랑하시는 사랑을 우리가 알고 믿었노니 하나님은 사랑이시라.

사랑 안에 거하는 자는 하나님 안에 거하고 하나님도 그의 안에 거하시느니라.'

하나님은 사랑이시다. 성경은 단호하게 하나님은 사랑이라고 말하고 있다. 그렇다면 하나님의 사랑을 우리가 어떻게 알 수 있을까? 성경에 그렇게 기록되어 있기 때문에 그냥 믿어야 하는 것일까? 과연 하나님의 사랑을 우리는 어떻게 알 수 있는 것일까? 해답은 간단하다. 하나님의 사랑을 우리가 몸으로 경험할 수 있기 때문에 알 수 있다는 것이다. 말로만의 사랑은 경험될 수 없다. 경험되지 않은 것은 진실이 아닐 수 있기 때문이다. 특히 사랑은 말로만 사랑한다고 해서 믿어지는 것이 아니고 반드시, 표현할 때에만 진짜가 된다. 하나님의 사랑은 우리에게 드러났고 드러난 사랑을 우리는 몸으로 경험할 수 있다. 어떻게 하나님의 사랑이 드러났는가? 하나님은 당신의 아들을 이 땅에 보내시고 우리의 죄를 사하기 위해 십자가에서 못 박혀 죽게 하심을 통해 하나님의 사랑을 우리에게 드러내셨다. 과연 이 땅에 어느 부모가 다른 사람의 죄를 용서해 주기 위해 자신의 자식을 죽게 할 수 있겠는가? 그렇게 할 부모는 이 세상에 단 한 사람도 없다. 그러나 하나님은 그렇게 하셨다. 왜 하나님은 아들을 이 땅에 보내어 인간의 죄를 위해 죽게 했을까? 그 이유는 하나님이 우리를 사랑했기 때문이다. 즉, 사랑만이 유일한 해답이다. 하나님은 예수님의 죽음을 인류의 죄를 씻게 하는 방법으로 삼으셨다. 누구든지 예수님을 마음에 영접하면 죄 사함 받고 영생을 누린다. 이것이 인간을 향한 하나님의 사랑이고 이 사랑이 기독교의 사랑이라 말할 수 있다.

● **5. 사랑의 3요소**

기독교의 사랑이란 말로만 하는 사랑고백이 아니다. 행위를 동반한 것이어야 사랑이라 할 수 있다. 하나님께서 인간을 사랑하셨기 때문에 아들 예수님을 이 땅에 보내시고 그 아들이 십자가에 못 박힘으로써 하나님의 사랑을 나타내셨다. 따라서 행동을 동반해야만 사랑이라 할 수 있다. 기독교의 사랑은 이처럼 행동으로 드러날 때 비로소 인정받게 된다. 그렇다면 기독교의 사랑은 무엇을 통해 진정한 사랑이 되는 것일까?

1 용서

용서는 타인의 잘못을 없애주는 너그러운 행위이다. 손에 물건을 쥐었다가 놓는 것과 같다. 용서의 사전적인 의미는 '지은 죄나 잘못한 일에 대하여 꾸짖거나 벌하지 아니하고 덮어 주는 것'이다. 기독교에서는 용서가 사랑의 시작이다. 용서는 아담과 하와가 에덴동산에서 죄를 지은 그 순간부터 시작되었다. 하나님은 비록 두 사람을 에덴동산에서 쫓아냈지만 이미 그들의 죄를 용서하신 것이다. 그렇지 않았다면 하나님의 분노로 두 사람은 정말 죽임을 당했을 것이기 때문이다. 이처럼 기독교의 사랑은 용서로부터 시작된다. 용서하지 않는 사랑은 거짓이고 진정한 사랑이라 할 수 없다.

● 무조건 용서한 아버지의 이야기

어느 마을에 두 아들을 둔 부자 아버지가 있었다. 아버지는 부자여서 많은 일꾼들도 있었다. 어느 날 둘째 아들이 아버지에게 찾아와서 앞으로 내가 받을 아버지의 유산을 미리 달라고 말을 했다. 아버지는 어이없는 둘째 아들의 요구를 거절하였다. 하지만 아들은 아버지에게 계속해서 유산을 미리 달라고 떼를 썼다. 아버지는 고민 끝에 둘째 아들의 요구대로 자신이 죽은 후 줄 유산의 일부를 모두 주었다. 아들은 유산을 받아 든 후 아버지를 떠나 독립된 생활을 시작하였지만 아버지의 유산을 그날 이후로 탕진하기 시작하였고 얼마 지나지 않아 아들은 유산을 모두 허비해 버리고 빈털터리가 되었다. 마침 전국에 극심한 가뭄이 들어 양식이 부족하게 되었고 아들은 먹을 양식이 없어 굶주리게 되었다. 배고픈 아들은 먹을 것을 찾아 헤매다가 어느 날 돼지우리 곁을 지나던 중에 돼지먹이가 너무나 맛있게 보여 그것을 먹고 말았고, 그 순간 자신의 모습을 되돌아보며 후회하면서 아버지를 떠올리게 되었다. 아버지에게는 먹을 음식이 많은데 자신은 여기서 굶주려 죽게 되었다는 것을 깨달은 아들은 다시 아버지께 돌아가기로 결심하였다. 하지만 선뜻 아버지에게로 돌아가기란 쉽지 않았다. 아들은 아버지에게 돌아가는 조건으로 아버지의 아들 자격이 아닌 종의 신분으로 가면 아버지가 자기를 받아 줄 것이라고 생각했다. 아들은 고향으로 발걸음을 옮겼고 드디어 고향에 가까이 갔다. 한편, 아버지는 둘째 아들이 집을 떠날 때부터 마을 어귀에 매일 올라가 집을 나간 아들이 돌아오기를 기다리고 있었다. 그날도 아버지가 동구 밖에서 먼 곳을 보고 있는데 허름한 옷차림을 한 사람이 힘없이 걸어오고 있는 것을 보고는 아들임을 알아차렸다. 아버지는 반가움에 달려가 아들을 꼭 안아주면서 잘 돌아왔다고 반겨주었다. 아들은 이런 아버지의 반응에 사뭇 놀라워하며 집으로 들어갔다. 아버지는 종들을 모아놓고 '죽었던 내 아들이 다시 돌아왔으니 아들을 깨끗이 목욕시켜서 내가 제일 아끼는 옷을 입히고 내 반지를 끼워주고 짐승을 잡아 큰 잔치를 열라'고 명령했다. 그렇게 아버지는 둘째 아들의 귀향을 매우 기뻐하며 잔치를 열었다. 둘째 아들은 어리둥절했고 자신을 반겨주는 아버지에게 죄송함이 들었다. 아들은 아버지에게 다가가 말했다. '아버지, 저는 아버지의 아들 자격이 없습니다. 저를 종으로 받아주세요.' 아버지는 이 이야기는 누가복음 15장 11~32절에 나오는 것으로 예수님이 제자들에게 들려준 말씀이다. 예수님은 집을 나간 둘째 아들의 이야기를 통해서 제자들에게 하나님 아버지의 사랑이 용서로부터 시작된 것임에 대해 가르친 것이다. 아버지의 사랑은 용서로부터 시작된다. 용서는 잘못을 없애주고 잘못을 저지른 사람까지 용납하고 이해하는 행위다. 아버지는 아들이 집을 나갈 때부터 이미 아들의 죄를 용서했고 더 나아가, 자신이 죽어야만 줄 수 있는 유산을 달라고 요구할 때부터 아들의 죄를 용서한 것이다. 아들이 집을 떠나 무슨 큰 죄를 짓고 살았는지 아버지는 궁금해하지 않았고 묻지도 않았다. 아들이 아버지 곁으로 다시 돌아왔기 때문이다. 집으로 다시 돌아온 것은 자신의 죄를 모두 용서해달라는 의미이기 때문이다. 아버지는 아들을 사랑하였기 때문에 아들의 잘못을 모두 용서해 주었고 그가 무슨 죄를 지었는지 관심이 없다. 이것이 바로 용서의 사랑이다.

용서는 두 가지 단계가 있다. 첫 번째 단계는 죄의 내용을 없애는 것이다. 용서받아야 할 사람이 지은 죄의 내용 즉, 잘못한 사건 전체를 아무런 대가 없이 없애주는 것이다. 아들이 아버지에게 무리한 요구를 한 것, 아버지의 유산을 모두 탕진한 것들이 죄의 내용이다. 아버지는 이것을 모두 용서했다. 이처럼 용서의 첫 번째 단계는 죄의 내용을 모두 없애는 것이다. 두 번째 용서의 단계는 죄를 지은 당사자인 '사람'까지 너그러이 용납해 주는 것이다. 죄인을 용서하는 단계를 말한다. 죄의 내용만 용서하는 것은 부족하다. 그 죄를 지은 사람까지 용납하고 받아 주는 것이 진정한 용서다. 그런데 죄인까지 용서하는 것은 쉬운 일이 아니다. 죄를 지은 사람을 보면 그 사람이 지었던 죄가 떠오르게 되기 때문이다. 그래서 죄인까지 용서하는 것은 매우 어렵다. 용서의 완성은 사람까지 용서하는 것이다.

용서가 무엇인지 귀감이 되었던 손양원 목사님의 실화를 소개한다.

● 손양원 목사님의 이야기(애양원의 역사와 함께)

애양원의 아름다운 역사는 미국 남장로교 한국선교회 소속 선교사들의 활동으로부터 시작된다. 1904년 2월 목포 선교부에 파송된 벨 목사와 오웬 목사가 그해 12월 25일 성탄예배를 드림으로써 광주 선교가 시작되었는데, 오웬은 1909년 4월 3일 급성 폐렴으로 생을 마감한다. 한편, 목포에 있던 의사 포사이트는 오웬의 폐렴소식을 듣고 치료차 급히 광주로 가던 중, 길가에 버려진 여자 한센병(나병) 환자를 발견한다. 그는 병자를 말에 태우고 자신은 걸어서 이틀만에 광주에 도착하였다. 여자 한센병 환자를 광주에 데리고 온 것이 계기가 되어 광주 제중병원 2대원장이던 윌슨과 선교사들은 자신들의 사택건축을 위하여 벽돌을 굽던 가마터를 치우고 그 곳에서 한센병 환자의 치료를 시작하게 되었다. 그 후 윌슨은 1909년 인근에 작은 집을 짓고 한센병 환자 20여명을 치료하였는데, 이것이 한국 최초의 나병원인 광주 나병원의 시작이다.

그리고 1928년 여수로 터를 옮기고 1935년, 윌슨 박사가 본원의 이름을 애양원이라 했으며, 그때부터 애양원 안에 있었던 교회의 이름도 애양원교회로 부르기 시작했다.

1939년 애양원교회 전도사로 부임한 손양원(1902~1950) 목사는 애양원교회에서의

11년 2개월 중 신사참배 거부로 감옥에서 지낸 6년을 제외한 나머지 시간을 한센병 환우들과 함께 교회를 지켰다. 손 목사는 중환자들이 모인 병실을 자주 찾아가 그들의 몸을 만지며 기도했고, 입으로 피고름을 빨아내며 치료를 도왔다. 한센병 환자를 멀리하지 않고 예수 그리스도의 사랑으로 사랑하고자 한 것이다. 이렇게 손목사는 하나님의 사랑을 삶 속에 실천하고자 애썼다. 그러던 어느 날 손목사에게 비극이 찾아왔다. 1948년 여순사건 때 손양원 목사의 두 아들(동인과 동신)을 안재선이라는 사람이 죽인 사건이다. 하루아침에 두 아들을 잔인하게 살해당한 소식을 접한 손양원 목사의 마음은 참으로 비통했고 갈기갈기 찢어지는 듯했다. 사랑했던 두 아들을 죽인 살인자를 똑같이 죽이고 싶은 마음이 일어났다. 그러나 그 순간 손양원 목사는 "네 원수를 네 몸과 같이 사랑하라."하신 성경말씀을 떠올리고 말씀대로 순종하기로 결심했다. 마침내, 아들을 죽인 살인자를 찾아가 아들을 죽인 살인죄를 용서해 주었고 나아가 안재선까지도 용서하고자 자신의 양자로 삼았다. 이 어찌 있을 수 있는 일인가! 죄는 용서할 수 있지만 죄인까지 어찌 용서할 수 있단 말인가! 하지만 손목사는 하나님의 말씀대로 순종했다. 더욱 놀라운 것은 두 아들의 장례식이 거행되는 자리에서 아홉 가지 감사조건을 들어 간절한 눈물의 기도를 드린 일이다. 손양원 목사님의 아홉 가지 감사는 다음과 같다.

① 나 같은 죄인의 혈통에서 순교의 자식을 나게 하시니 감사.

② 허다한 많은 성도들 중에서 이런 보배(한센인)를 주셨으니 감사.

③ 3남 3녀 중에서 가장 귀중한 장남과 차남을 바치게 하셨으니 감사.

④ 한 아들의 순교도 귀하거늘 하물며 두 아들이 함께 순교했으니 감사.

⑤ 예수 믿고 자리에 누워 임종하는 것도 큰 복인데 전도하다가 총살 순교했으니 감사.

⑥ 미국 가려고 준비하던 아들이 미국보다 더 좋은 천국 갔으니 내 마음이 안심되어 감사.

⑦ 두 아들을 죽인 원수를 회개시켜 아들 삼고자 하는 사랑하는 마음을 주시니 감사.

⑧ 아들의 순교 열매로서 무수한 천국의 열매가 생길 것을 믿으며 감사.

⑨ 역경 속에서도 하나님의 사랑을 깨닫게 하시고 이길 수 있는 믿음을 주시니 감사.

손양원 목사의 삶은 사랑과 용서의 대표적인 모습을 보이고 있다. 이것이 진정한 용서의 사랑이다.

● 용서에 관련한 성경구절 | 마태복음 6:14~15

'너희가 사람의 과실을 용서하면 너희 천부께서도 너희 과실을 용서하시려니와 너희가 사람의 과실을 용서하지 아니하면 너희 아버지께서도 너희 과실을 용서하지 아니하시리라.'

2 나눔

사랑의 두 번째 요소는 나눔이다. 나눔이란 내 소유권을 타인에게 완전히 넘겨주는 것을 말한다. 만약 소유권을 넘겨주지 않고 분배할 때는 나눔을 받은 사람과의 관계에서 보이지 않는 의무와 책임의 관계가 성립된다. 받은 사람은 준 사람에게 미안하고 감사하여 심리적으로 부담감을 가질 수 있다. 그러나 기독교의 나눔은 소유권을 완전히 넘겨주는 것이므로 감사함으로 받으면 되고 받은 것에 대해서 자신의 소유처럼 행동하면 된다. 이것이 진정한 기독교의 나눔이다. 또한 나눔은 아무런 대가 없이 그냥 주는 것을 의미한다. 보통 일반적으로 무엇인가를 주고 받으면 받은 사람은 준 사람에게 보답하려고 한다. 보답하려는 부담을 가지고 있기에 받은 것만큼 다시 갚으려고 한다. 만약 받기만 하고 보답하지 않게 되면 준 사람은 서운한 마음이 들 수 있다. 그러나 기독교의 나눔은 그냥 아무런 대가를 바라지 않고 주는 것이다. 따라서 받은 사람은 준 사람에게 마음으로 감사를 표하며 다시 되갚으려고 하는 부담을 갖지 않아도 된다. 또한 나눈 사람은 받은 사람에게 어떠한 답례나 보답을 받으려고 하지 않아야 한다. 왜냐하면 소유권을 넘겨주는 것이기 때문이다. 이렇게 아무런 대가 없이 자신의 물건이나 소유물을 아낌없이 필요한 사람에게 나눌 때, 주는 사람이나 받는 사람 모두 풍요로움과 감사가 흘러넘치게 된다. 또한, 서로 나누게 되면 관계가 매우 친밀해지며 신뢰가 형성될 수 있다. 이때 나누는 사람은 자신의 소유물 가운데 새 것이나 아니면 비록 사용한 물건일지라도 꼭 필요한 사람에게 전해주는 것이 중요하다. 자신에게도 소중하지만 타인의 필요를 알고 채워 주기 위해서 흘러 보내는 것은 아름다운 모습이다. 이렇게 나누기 시작하면 골고루 채워지는 놀라운 일을 경험하게 된다. 그리고 자신의 소유물을 아낌없이 나누게 되면 자신 안에 있는 소유욕 즉, 욕심을 깨뜨리게 된다. 욕심이 있으면 움켜잡으려고만 할 뿐 베푸는 것에는 인색하게 된다. 이렇게 욕심으로 가득하게 되면 이웃을 돌아보는 마음이 없어지게 되어 개인적이고 이기적인 삶을 살게 된다. 그런데 나눔을 시작하게 되면 소유욕 즉, 욕심이 깨지게 되어 이웃을 살피는 마음이 많아지게 된다. 또한 나눔의 삶을 실천하게 되면 마음이 매우 행복하고 기쁘게 된다. 움켜잡고 자신의 소유를 나누지 않을 때는 진정한 행복이나 기쁨을 맛볼 수 없지만 나누게 될 때는 나눔의 기쁨을 맛보게 된다. 받는 사람도 고맙고 감사하겠지만 나누는 사람은 받는 사람보다 더 큰 만족을 누리게 되는 것이다. 인생을 살면서 수많은 만족과 기쁨을 경험하겠지만 나누는 기쁨과 행복만큼 더한 것은 없을 것이다. 이렇게 나눔이란 많은 유익을 가져다 주며, 기독교의 사랑은 이런 나눔에서 이루어진다. 나눔이 없는 사랑은 말뿐이요 허상일 뿐이다. 한국 교회는 나눔을 적극적으로 실천해야 한다. 연말연시에만 잠깐 어려운 이웃들을 돌보는 것은 기독교의 사랑이라 할 수 없다.

① 무엇을 나눌까?

자신의 소유물 가운데 1년 이상 사용하지 않은 물건 가운데 골라 보라. 대게 사람들은 소유욕이 있어서 필요하지 않은 물건이라도 버리거나 남에게 주려 하지 않고 창고나 수납장에 모아두려고 한다. 세월이 지나도 사용하지 않는 것들이 많은데, 바로 이러한 것들을 우선적으로 필요한 사람에게 하나씩 나누면 된다. 때론 값비싼 물건도 있을 것이다. 그러나 내게는 필요 없는 물건이 다른 사람에게는 꼭 필요할 수 있으므로 우선적으로 나누는 목록에 넣으면 된다.

그리고 지금 내가 사용하고 있는 물건이라도 다른 사람에게 필요하다고 생각되면 나눌 수 있다. 내게도 필요해서 아까운 마음이 있을지라도 남에게 나눌 때는 더 큰 기쁨을 맛보게 된다.

② 타인의 필요를 살펴라.

　나눔은 타인의 필요를 유심히 살피는 것에서부터 시작되는데 그것은 자신이 관계하고 있는 사람들의 생활을 눈여겨볼 때 보이고, 대화를 통해서나 방문을 통해서 또는, 느낌으로도 알 수 있다. 타인의 필요를 자신이 모두 채울 수 없을 만큼 클 수도 있지만 자신이 모두 채워 줘야 한다는 부담감을 내려놓고 도울 수 있는 만큼만 도와주면 된다.

● 혁대를 선물 받은 이야기

나는 결혼 후 살이 많이 쪄서 시간이 지나면서 혁대가 작아졌고, 그러다 보니 점점 구멍이 바깥으로 옮겨져서 더 이상 혁대를 맬 수 없는 상황에 이른 적이 있었다. 여유 있는 구멍을 모두 사용하였기 때문에 새로 구입해야 했지만 어쩐지 혁대를 구입하고 싶은 마음이 나질 않아 계속해서 억지로 사용하고 있었다. 그런데 어느 날 어떤 모임에서 중년 신사분이 내게 오시더니 작은 상자를 건네주는 것이었다. 그 상자 안에는 새 혁대가 있었다. 나는 순간 얼마나 고맙고 감사한지 말을 잇지 못했다. 왜냐하면 정말 혁대가 필요하였기 때문이었다. 그분이 내 혁대를 본 적이 있었는지는 모르지만 내게 꼭 필요한 것을 선물한 것이다. 혁대를 받은 나는 더 없이 감사했고 이런 내 모습을 곁에서 지켜보던 그분도 더 큰 기쁨을 맛보았을 것이라고 생각한다.

　내게 혁대를 선물한 그 중년 신사는 어느 순간 내 혁대를 보았을 것이다. 그리고 내가 필요로 하는 혁대가 자신의 집에 있음을 알고 내게 나누어 준 것이다. 이처럼 나눔에는 타인의 필요를 살피는 것이 매우 중요한다.

③ 타인으로부터 물건을 받았을 때

나눔을 통해 다른 사람으로부터 물건을 받으면 고맙고 감사한 마음이 들고 기분이 좋다. 하지만 가치가 없거나 쓰던 물건을 받으면 기분이 좋지 않을 수도 있다. 이럴 때 그리스도인들은 겸손하게 감사함으로 받을 줄 알아야겠다. 타인으로부터 물건을 받았을 때 어떻게 하는 것이 지혜로울까? 내게 꼭 필요한 물건을 받았을 경우에는 물건을 나눈 사람에게 자신이 꼭 갖고 싶었던 물건이었다는 것을 솔직하게 말해 주면 좋다. 왜냐하면 물건을 준 사람에게 큰 기쁨을 주기 때문이다. 받은 사람이 꼭 필요한 것이었다고 말을 하면 물건을 준 사람이 얼마나 다행스럽게 생각하겠는가! 그 기쁨은 이루 헤아릴 수 없을 만큼 클 것이다. 만약 받은 물건이 자신에게 필요하지 않을 때는 고마움으로 받은 후 다시 이 물건이 필요한 사람을 찾아서 그 사람에게 나누면 된다. 그러면 정말 필요로 하는 사람에게 물건이 가게 되는 것이다. 이것을 흐름의 법칙이라고 하는데, 높은 곳에서 낮은 곳으로 물이 흐르는 것처럼 필요한 사람에게까지 계속 흘러가는 것을 의미한다.

누군가에게 물건을 받았는가? 자신에게 필요하면 감사하게 사용하고 그렇지 않으면 주변 사람을 살펴서 받은 물건을 다시 흘려 보내라! 이것이 기독교의 나눔이다.

이스라엘의 사르밧이라는 지역에 가난한 한 과부가 외아들과 함께 살고 있었다. 그런데 오래 전부터 계속된 가뭄 때문에 먹을거리가 부족해져서 가난한 모자는 그만 굶어 죽게 될 위기에 놓이게 되었다. 그들에게 먹을 것이라곤 가루 한 웅큼과 몇 방울 남은 기름이 전부였다. 가뭄으로 더 이상 먹을 것을 구할 수 없게 되자, 과부는 죽기 전에 마지막 남은 가루로 빵을 만들어 먹자는 생각에 나뭇가지를 줍고 있었다. 그런데 어디선가 낯선 사람이 나타나서는 배가 고프다며 먹을 것을 조금 달라고 하였다. 과부는 어차피 죽을 것인데 이 사람에게 빵이나 한 조각 먹이는 것이 낫겠다는 생각을 하고는 자신의 사정을 모두 말하면서 마지막 남은 가루로 빵을 한 개 만들어 낯선 사람에게 주었다. 그러자 그 사람은 고맙다고 인사하면서 하나님께서 가뭄이 끝날 때까지 지켜 주시라는 기도를 드리고 그곳을 떠나갔다. 그런데 다음 날 아침에 보니 매우 놀라운 일이 벌어져 있는 것을 보고 과부는 너무나 놀라 소리를 질렀다. 그 이유는 텅 비어 있던 가루 그릇과 기름병이 가루와 기름으로 가득 차 있었기 때문이었다. 게다가 더욱 신기한 것은 세월이 지나도 가루와 기름이 줄어들지 않는 것이었다. 아무리 먹고 또 먹어도 가루와 기름은 없어지지 않고 가득 가득 차 있었고, 그래서 이 과부와 아들은 가뭄이 끝나고 농사를 지을 때까지 굶어 죽지 않고 행복하게 살았다.(열왕기상 17:8~16)

위 이야기는 성경에 나오는 엘리야와 사르밧 과부에 관한 말씀이다. 과부는 자신과 아들이 죽기 전에 먹을 유일한 먹을거리였던 마지막 남은 가루와 기름을 가지고 빵을 만들어 손님인 엘리야에게 주었다. 자신이 가진 전부를 낯선 사람에게 모두 나누어 준 것인데, 이 과부에게서 가루와 기름은 생명과도 같은 매우 귀하고 값진 것이었다. 목숨과도 같이 귀한 것을 아낌없이 모두 나눈 과부의 섬김을 하나님이 보시고 기적을 베풀어 가뭄이 끝날 때까지 가루와 기름이 과부에게서 떨어지지 않도록 하셨다. 이처럼 나눔은 때론 기적을 가져오기도 한다. 기적을 일으키는 나눔, 이것이야 말로 기독교가 말하는 사랑이며, 이 사랑은 나눔을 통해 완성되는 것이다.

3 섬김

사랑의 세 번째 요소는 섬김이다. 섬김이란 종이 주인을 대하는 마음으로 내 이웃을 대하는 것을 말한다. 사람들은 높임을 받고 싶어 한다. 특히 사회적으로 높은 지위에 있는 사람들은 이러한 마음이 더욱 커서 만약 어느 모임에 갔을 때 자신의 위치에 맞는 대우를 받지 못하면 불쾌감을 갖게 된다. 그 이유는 높임을 받아야 하는데 그렇지 못했기 때문이다. 이처럼 사람들은 누구나 남으로부터 인정과 높임을 받고 싶어 하기 때문에 종처럼 다른 사람을 높이거나 섬기려 하지 않는다. 그러나 기독교는 사랑의 종교로서 섬김을 강조한다. 종처럼 자신을 낮추고 다른 사람을 높이는 섬김이 기독교의 기본정신이다. 예수님은 섬김의 본이 되신 분이다. 어떻게 섬김의 본이 되었는지 알아보자.

● 제자들의 발을 닦은 예수님

예수님은 자신이 며칠 후 십자가에서 못 박혀 죽임당할 것을 아시고 마지막으로 제자들과 만찬을 하셨다. 만찬을 거의 마칠 때 쯤 예수님은 조용히 일어나 나가셔서 대야에 물을 담아 다시 들어오셨다. 허리에 수건을 두른 예수님은 제자들 앞에 무릎을 꿇고 대야를 발 앞에 놓으셨다. 그리곤 제자들의 발을 말없이 닦아 주셨다. 이스라엘의 풍습 가운데에는 발을 닦아 주는 것이 있는데, 자신의 집에 손님이 오셨을 때 그 집의 종은 손님의 발을 닦아 줌으로써 환영해 주는 풍습이다. 그래서 발을 닦는 것은 문화적으로 익숙한 상황이었다. 하지만 발을 닦는 것은 종이 해야 할 일이었기 때문에 제자들은 스승이신 예수님이 제자들의 발을 닦는 것에 섬김은 자신을 종처럼 스스로 낮출 때 가능하다. 다른 사람을 자신보다 더 높게 인정하며 그 사람의 필요를 채우기 위해 수고하는 것을 섬김이라고 할 수 있다. 섬김은 이처럼 종의 마음을 갖지 않으면 불가능하다. 만약 외적인 모습은 섬김처럼 보이지만 마음이 낮아지지 않은 가운데 행했다면 그것은 온전한 섬김이 아니라 외식을 한 것이다.

섬김은 기독교에서 참으로 귀한 정신이다. 서로를 인정하고 높여주는 섬김, 높은 사람이라도 스스로 낮아져서 다른 사람을 돌보는 섬김 이것이 예수님이 원하셨던 섬김인 것이다.

지위가 높은 사람은 당연히 낮은 사람으로부터 섬김을 받아야 한다. 그러나 기독교는 이러한 가치관을 거부한다. 오히려 높은 지위에 있는, 섬김을 받아야 하는 사람이 낮은 지위의 사람을 섬기라고 하기 때문이다.

사랑은 섬김을 통해 이루어진다. 섬김이 동반되지 않은 사랑은 기독교의 사랑이라 할 수 없다.

한국 교회는 유교와 샤머니즘의 영향으로 인하여 목회자의 권위를 높게 인정하는 경향이 크다. 그래서 그리스도인들은 목회자를 높이고 받들며 그분들의 말씀에 순종하려 한다. 그러다 보니 목회자들은 섬김을 받는 것에 익숙해 있어서 당연히 섬김을 받는 사람이라고 생각하고 있을지도 모른다. 하지만 예수님은 오히려 목회자들에게 그리스도인들을 섬기라고 명령하신다. 즉, 섬김을 받아야 할 목회자가 오히려 섬겨야 한다는 것이다. 목회자의 신분으로서 마치 종처럼 낮아져서 그리스도인들을 섬기는 것이 진정한 예수님을 닮은 모습이라 하겠다. 그러므로 교회에 나오는 그리스도인들 한 사람 한 사람의 필요를 돌아보며 섬겨야 한다. 이렇게 목회자가 신자들을 섬긴다면 교회의 모습은 어떠할까? 작은 천국이 되지 않겠는가! 예수님은 제자들의 발을 다 닦은 후, "내가 너희를 이렇게 섬겼듯이 너희도 서로 섬기라."고 당부하셨다. 예수님의 당부는 제자들뿐 아니라 목회자들과 권위 있는 자리에 있는 사람들에게까지 하신 것이다. 기독교의 섬김이 교회 안에 가득 넘쳐나길 진정 소망한다.

　기독교의 사랑은 용서, 나눔, 섬김으로 완성된다. 이 세 가지 중 하나라도 그리스도인의 생활 가운데 실천하게 된다면 사랑을 실천하고 있다고 할 수 있다. 말로만 고백하는 사랑이 아니라 몸으로 실천하며 만들어가는 것이 기독교의 사랑이다.

2

기독교의 죄(罪) 이해

1. 일반적인 죄의 이해

보편적 개념에서의 죄는 원칙, 규칙, 법을 어긴 것을 통칭한다. 국어사전에서는 '양심이나 도리에 벗어난 행위' 또는 '잘못이나 허물로 인하여 벌을 받을 만한 일'이라고 정의하고 있다. 사회는 규칙이나 원칙 그리고 법에 의해 운영된다. 가족, 학교, 병원, 국가 등 모든 조직마다 작게는 회칙과 크게는 법이 있다. 인간은 평등한 관계와 평화를 지향하는 존재이지만 과연 무엇이 평등과 평화를 유지시킬 수 있을까? 바로 규칙이나 원칙 또는 법이다. 사회는 규칙이나 원칙을 지킬 때 질서를 유지할 수 있고, 그렇지 않으면 사회는 무질서에 빠져서 인간관계도 혼탁과 고통에 휘말리고 만다. 이는 인간의 자율성이 가져오는 결과인데, 이때 무엇이 옳고 그른지 판단해 주는 잣대가 법이고 규칙이다. 이를 지키면 안정과 평화를 유지하여 인간답게 살 수 있지만 이러한 규칙이나 법이 존재하지 않는다면 인간은 자신에게 부여된 자유를 남용하게 되고 결국 사회는 무질서에 빠지게 된다. 따라서 죄는 규칙이 만들어지는 순간 존재하게 된다. 법이 제정되는 순간 그에 해당하는 벌과 죄는 규정되며 지켜야 할 규칙을 어길 경우 그에 해당하는 대가가 결정된다. 이처럼 규칙이 정하는 범위만큼 죄의 크기와 대가도 규정되며 죄의 크기는 규칙과 법이 정하는 범위 안에서 조정된다. 즉, 사람을 죽인 살인죄와 남의 물건을 도적질한 절도죄에 대한 벌은 차이가 큰데, 벌의 차이가 크다는 것은 죄질의 차이도 크다는 것을 의미한다.

● 2. 기독교의 죄 이해

기독교에서는 죄를 어떻게 이해하고 있는가? 기독교는 성경에 기록된 하나님의 말씀을 어기는 것을 죄로 규정한다. 성경에는 지켜야 할 율법이 많이 기록되어 있다. 하나님을 믿는 사람들이라면 꼭 지켜야 할 사항들이다. 기독교에서 대표적인 율법은 무엇인가? 그것은 바로 십계명이다.

1 십계명

기독교의 대표적인 율법은 십계명이다. 십계명은 구약성서 출애굽기 20장 1~17

절에 기록되어 있으며 이 모든 계명을 하나님께서 직접 돌판에 새기셨다. 십계명은 예수님이 탄생하기 아주 오래 전 하나님께서 주신 계명이다. 예수님이 탄생하기 전의 사람들은 십계명을 철저히 지키려고 노력했다. 왜냐하면 십계명은 하나님의 명령이고 직접 주신 계명이기 때문이다.

① 십계명의 내용

제1계명 – 너는 나 외에는 다른 신들을 네게 있게 말지니라.

제2계명 – 너를 위하여 새긴 우상을 만들지 말고, 또 위로 하늘에 있는 것이나 아래로 땅에 있는 것이나 땅 아래 물속에 있는 것의 아무 형상이든지 만들지 말며, 그것들에게 절하지 말며, 그것들을 섬기지 말라.

제3계명 – 너는 너의 하나님 여호와의 이름을 망령되이 일컫지 말라.

제4계명 – 안식일을 기억하여 거룩히 지켜라.

제5계명 – 네 부모를 공경하라.

제6계명 – 살인하지 말지니라.

제7계명 – 간음하지 말지니라.

제8계명 – 도적질하지 말지니라.

제9계명 – 네 이웃에 대하여 거짓 증거하지 말지니라.

제10계명 – 네 이웃의 집을 탐내지 말지니라.

  십계명은 크게 두 종류로 나뉜다. 첫째는 1~4계명으로 하나님을 향한 내용들이다. 둘째는 5~10계명으로 이웃과 부모를 향한 계명이다. 첫 번째, 하나님을 향한 계명의 주된 내용은 오직 하나님만을 섬기라는 것, 즉 다른 신을 섬기지 말라는 것이다. 두 번째, 이웃과 부모를 향한 계명의 주된 내용은 관계에 대한 내용이다. 이웃과 화평하고 가정과 부모와 행복한 삶을 살도록 하기 위한 내용들이다. 거짓말과 살인, 간음, 탐심은 이웃과의 관계를 깨뜨리는 요인이 되며 가정을 파괴시키는 요인이기도 하다. 부모를 공경하는 것은 인간이 지켜야 할 가장 기본적인 도덕이며, 부모를 공경하지 않으면서 하나님을 섬기는 것을 하나님은 원하지 않는다.

  이렇게 십계명은 하나님과 이웃을 향한 내용으로 이루어져 있다. 십계명은 오래 전 만들어진 것으로서 오랜 세월 유대인들에게는 절대적인 법으로 통용되었다. 십계명을 어기는 사람은 죽음이라는 벌을 받았다. 간음하다 걸리면 돌에 맞아 죽었다. 남의 물건을 훔치다 걸리면 훔친 손을 잘라냈다. 부모를 공경하지 않고 학대하면 이 역시 돌에 맞아 죽임을 당했다. 안식일도 마찬가지였다. 안식일은 유대교에서 가장 중요시되었던 계명이다. 안식일에는 절대로 일하지 말라고 하나님은 말씀하셨다. 집안에 있는 노예나 손님이나 짐승이나 할 것 없이 안식일에는 아무도 노동하지 않았다. 만약 안식일에 일을 할 경우에는 돌에 맞아 죽임을 당하였다. 지금도 이스라엘에서는 안식일을 지키는 모습을 많이 볼 수 있다. 토요일을 안식일로 여겨 노동을 쉬고 하루를 보내는데, 버튼을 누르는 것도 노동이기 때문에 엘리베이터조차 이용하지 않는다. 십계명은 오랜 역사 속에서 강력한 규범이 되어 유대인들에게 큰 영향을 끼쳐 왔다. 그러나 예수님께서 태어나신 후 십계명의 영향력은 다소 감소되었다. 왜냐하면 예수님은 십계명보다 더 뛰어난 계명을 말씀하셨는데, 그것은 바로 서로 사랑하라는 새 계명이다. 구약성서에서는 십계명과 기타 율법을 지켜야 죄를 범하지 않는다고 한 데 반하여, 예수님은 서로 사랑하라는 새로운 계명을 주셨다. 계명이란, 지키지 않으면 죄를 짓는 것을 의미하므로 '사랑하라.'는 새 계명을 지키지 못하면 죄를 범하게 되는 것이다. 서로 사랑하라는 사랑의 계명은 사실 제대로 지키기 쉽지 않은 매우 고차원적인 계명이다. 율법이나 십계명은 지켜야 할 것들을 분명하게 제시하고 있지만 사랑의 계명은 구체적이지 못하기 때문이다. 앞에서 설명하였듯이 사랑은 용서와 나눔과 섬김을 동반해야 가능한데 만일 이 중 하나라도 제대로 하지 못하면 사랑의 계명을 어기게 되는 것이다. 따라서 기독교에서는 이처럼 분명한 율법을 지키지 못했을 때뿐 아니라 사랑하지 못하는 것까지도 죄라고 규정하고 있다.

2 성경에서의 또 다른 죄에 대한 이해

십계명은 구약 성경에 기록된 대표적인 율법인데, 십계명 외에도 성경에 기록된 율법이 여럿 있다. 성경에서는 십계명 이외에 어떤 것을 죄로 여기는지 살펴보자.

① 하나님과의 약속을 지키지 않은 것이 죄

아나니아와 삽비라는 부부인데 두 사람은 자신의 땅을 팔아 교회에 헌금하기로
결정하고 땅을 판다. 그런데 땅을 판 후 교회에 헌금할 때는 일부의 금액을 남겨
놓고 일부만 드렸다. 하나님께 자신의 땅 값 전부를 드리기로 그들은 약속을 하였
지만 결국 그 약속을 지키지 않았다. 하나님을 속인 것이다. 베드로는 이 부부에
게 약속을 지키지 않은 것을 '속였다.'고 말한다. 속인 것, 하나님을 속인 것이 죄
가 되었다. 그 결과로 아나니아와 삽비라 부부는 목숨을 잃고 만다.

② 예수님의 죄에 대한 가르침

두 번째로, 기독교는 마음으로도 죄를 짓는 것이라고 말한다. 예수님은 성경에
서 남자가 여인을 보고 음욕을 품는 것을 간음한 것이라고 하셨다. 간음은 십계

명의 제7계명을 어긴 죄인데, 실제로 여인을 능욕하고 간음하지 않았어도 여인을 바라볼 때 음욕이 있다면 그것을 간음죄와 같다고 하셨다.

이 두 가지 예에서 기독교의 죄와 사회의 죄와는 조금 차이가 있다는 것을 알 수 있다. 사회는 겉으로 드러난 결과가 있을 때, 즉 행동화된 것을 죄라고 하지만 기독교는 내면화된 동기까지도 죄라고 보고 있는 것이다.

3 죄의 크기에 대한 이해

일반적인 관점에서 볼 때 죄의 크고 작음은 분명히 존재하며, 죄의 크고 작음에 따라 벌의 양도 비례한다. 큰 죄는 큰 벌을 받고 작은 죄는 작은 벌을 받는다. 그러나 기독교는 약간 차이가 있다. 기독교는 죄를 그 양으로만 보지 않고 죄 자체에 관심을 갖는다. 사회에서는 살인죄와 경범죄를 같은 크기로 이해하지 않는다. 하지만 기독교는 살인죄나 경범죄를 죄의 크기로도 이해함과 동시에 또 한편으로는 살인죄나 경범죄 둘 다 '죄 자체'로 보려고도 한다. 하나님 앞에서는 모든 죄가 크기와 상관없이 모두 죄이기 때문이다. 큰 죄든 작은 죄든 하나님 앞에서는 용서받아야 할 죄인 것이다. 만약 여기에 마실 수 있는 1급수의 맑은 물에 흙을 조금 넣었다고 가정하자. 흙을 조금 넣었을 때든 많이 넣었을 때든 결국 이 물은 마실 수 없다. 흙을 조금 넣었기 때문에 마실 수 있는 물의 양이 많아지고 흙을 많이 넣었기 때문에 마실 수 있는 물의 양이 줄어드는 것이 아니다. 흙을 조금 넣든 많이 넣든 이미 물은 마실 수 없는 물이 되었다. 이 말의 의미는 작은 죄를 짓든 큰 죄를 짓든 인간은 모두 죄인이라는 것이다. 하나님 앞에서 죄는 그저 죄일 뿐이다.

4 죄를 향해 서 있는 인간

　꼭두각시는 넘어지면 다시 일어서는 성향을 가지고 있다. 아무리 오래 눕혀 놓아도 손을 떼면 다시 일어선다. 처음부터 꼭두각시를 그렇게 만들어 놓았기 때문이다. 꼭두각시를 만든 사람은 이것을 아주 잘 알고 있다. 무거운 물건으로 오랜 세월 눕혀 놓아도 언젠가 물건을 치우게 되면 다시 일어설 것을 말이다. 왜냐하면 꼭두각시는 다시 일어나도록 처음부터 그렇게 만들었기 때문이다. 인간은 어떤 존재일까? 결론부터 말하자면 인간은 죄를 향해 서 있는 존재이다. 마치 꼭두각시가 항상 일어서려고 하는 성질을 가지고 있는 것처럼 인간은 죄를 짓기 위해 살고 있는 존재라고 해도 과언이 아닐 것이다. 겉으로 나타난 행위적인 죄와 마음의 죄를 피해 갈 사람이 과연 있겠는가? 도덕과 법을 잘 준수한다 하더라도 마음속으로 짓는 죄는 어찌할 수 없을 것이다. 기독교는 마음으로 범하는 죄도 죄라고 하기 때문이다. 그래서 인간은 죄를 향해 서 있는 존재라고 할 수 있다. 죄를 짓지 않으려고 죄가 없는 쪽을 향해 서 있으려 발버둥을 쳐도 정신을 차리고 보면 어느새 자신도 모르는 사이 죄를 향해 서 있다. 이것이 인간의 한계성, 즉 인간은 항상 죄를 지으려고 하는 존재이다.

기독교에서는 크게 두 가지로 죄를 분류한다. 하나는 원죄(原罪)이고 또 하나는 자범죄(自犯罪)이다. 자범죄는 인간이 만들어낸 규칙이나 원칙을 어기는 죄와 관습적으로 내려오는 기본 윤리를 어기는 모든 죄를 말한다. 그렇다면 원죄는 무엇인가?

원죄는 아담과 하와가 하나님의 언약을 스스로 깨뜨린 죄를 말하는데, 인간이 최초로 하나님과의 약속을 어긴 죄가 원죄다. 따라서 지금 지구 상에 살고 있는 모든 사람들은 원죄를 지은 적이 없다. 원죄는 두 사람, 아담과 하와가 지은 죄일 뿐이다. 이와 같은 맥락에서 원죄의 특징을 살펴보자.

1 원죄는 자손 대대로 유전된다.

원죄는 자자손손 대대로 유전된다. 아버지가 대머리라면 자녀가 대머리일 가능성이 많다는 것이 유전의 특성이다. 유전이 세대를 거듭해서 자손대대로 이어지듯, 아담과 하와 이후 모든 세대 사람들에게 원죄는 흘러간다. 이렇듯, 원죄는 두 사람이 지었지만 모든 사람에게 주어진다. 성경은 두 사람이 지은 죄가 얼마나 큰 영향을 끼치는 것인가에 대해 말해주고 있다.

한 사람이란 아담과 하와를 의미하며, 이들로 말미암아 죄가 세상에 들어왔고 사망도 들어왔다고 설명한다. 아담과 하와가 죄를 짓기 전에는 세상에 죄가 존재하지 않았고 죄의 대가인 사망도 세상에 들어오지 않았다. 하지만 두 사람이 죄를 지음으로 인해 죄가 시작되었고 사망도 시작되었으며 이 죄는 두 사람에게만 국한되지 않았다. 즉, 두 사람 때문에 모든 사람이 죄를 지었다고 말하는데, 이는 두 사람의 죄가 세대를 거쳐 끊임없이 흘러내려 간 것을 말한다. 사람이 결혼하여 자녀를 나으면 그 자녀에게도 죄가 흘러간다. 다시 말해 원죄는 유전된다. 죄뿐만이 아니라 아담과 하와에게 있었던 사망까지도 유전되는데, 사망이란 육신의 생명이 다하는 것과 영적인 죽음, 즉 지옥에 가는 것이다.

2 원죄는 지옥에 가게 하는 유일한 원인이다.

천국과 지옥은 기독교의 가장 중요한 개념이다. 기독교가 존재하는 목적은 모든 사람이 천국에 가도록 이끄는 것이라고 말할 수 있다. 천국과 지옥은 존재하며, 이곳은 생명이 다한 후 영이 가는 또 다른 사후세계이다. 천국과 지옥에 가는 것을 결정짓는 것은 살아 있을 때에만 가능할 뿐, 죽음 후에는 불가능하다. 그렇다면 무엇이 천국과 지옥에 가는 것을 결정짓는가? 바로 원죄다. 원죄가 있으면 지옥에 가는 것이고 원죄가 없으면 천국에 간다. 매우 단순한 원리이다. 이처럼 원죄는 매우 중요한 사항이다. 다시 말해 '기독교의 존재 이유는 원죄를 해결해 주기 위함이다.' 라고 간단하게 정리할 수 있다. 원죄를 해결하기 위해 예수라는 사람이 탄생했고 십자가에서 못 박혀 죽었다. 그러나 사람들은 기독교의 이러한 주장을 외면하는데, 그 이유는 천국과 지옥을 결정짓는 것이 매우 단순하기 때문이다. 샤머니즘의 영향을 받은 사람이라면 노력과 행위가 없이 원죄만 해결하면 갈 수 있느냐고 반문할 수 있다. 이에 대한 기독교에서의 답변은 명쾌하다. 원죄가 있으면 지옥이고 원죄가 없으면 천국이라는 것이다. 즉, 천국에 가려면 반드시 원죄를 해결해야만 한다. 왜냐하면 원죄가 지옥이냐 천국이냐를 결정하는 유일한 원인이기 때문이다.

3 원죄의 해결

죄를 지으면 죄에 해당하는 대가인 '벌' 을 받는다. 원죄의 대가는 지옥인데, 지옥에 가지 않으려면 원죄를 모두 해결해야 한다. 그와 반대로, 원죄만 없으면 지옥에 가지 않으며 갈 수도 없다. 지옥에 가지 않는다는 것은 천국에 간다는 말이기도 하다. 즉, 원죄를 해결하면 누구든지 천국에 들어갈 수 있다. 단, 원죄를 해결하지 못하면 누구나 할 것 없이 지옥에 갈 수밖에 없다. 천국과 지옥을 결정하는 것은 단 한 가지, 즉 원죄가 있느냐 없느냐에 달려 있는 것이다. 사람을 여럿 살인한 사람이라고 해도 원죄를 해결하였다면 살인한 죄가 있지만 천국에 들어갈 수 있다. 천국은 인간의 의와 행위의 결과로 갈 수 있는 곳이 아니기 때문이다. 그렇다면, 어떻게 원죄를 해결해야 천국에 들어갈 수 있는 것일까? 이를 위해 먼저 유월절에 대해 살펴보자.

① 유월절 사건

유월절이란 말은 구약시대에 이스라엘 민족이 애굽이라는 나라에서 탈출할 때 있었던 사건을 두고 하는 말이다. 이스라엘 민족이 애굽에서 노예로 살다가 모세라는 지도자가 나타나 하나님이 주시겠다고 하는 가나안 땅을 향해 나아가는 사건이 있었다. 애굽 왕 바로는 이스라엘 백성을 순순히 보내줄 이유가 없었다. 모세는 하나님의 명령을 받고 이스라엘 백성을 가나안으로 인도하려고 바로왕을 몇 차례나 만나서 보내줄 것을 요구했다. 그러나 바로왕이 거절하자 그 대가로 하나님은 애굽에 10가지 재앙을 내리셨다. 10개의 재앙 중 마지막은 애굽에 있는 장자가 모두 죽임을 당하는 것이었다. 대신, 하나님은 피할 수 있는 방법으로 양 한 마리를 잡아 양의 피를 자신의 집 문 밖에 뿌리고 바르면 죽음을 면할 수 있다고 알려 주셨다. 이스라엘 백성들은 모두 하나님의 말씀대로 양을 잡고 그 피를 바깥문에 뿌리고 발랐다. 하나님의 말씀대로 양의 피를 뿌린 채 모든 식구들은 집 안에서 숨을 죽이고 밤을 맞이했다. 이스라엘 백성의 대부분은 모세의 명령에 순종해서 양의 피를 문에 발랐다. 하지만 애굽 백성들은 모세의 말을 귀담아 듣지 않아 양의 피를 문에 바르지 않고 밤을 맞이했다. 깊은 밤 어느 순간! 하나님은 약속대로 애굽 나라 전역에서 장자들의 목숨을 빼앗아 가셨다. 장자의 목숨을 빼앗으려는 천사는 장자를 죽이려고 집으로 들어가기 전에 양의 피가 문에 발라 있으면 그 집은 그냥 지나쳤다. 그러고 나서 다음 집으로 가서 문에 양의 피가 발라 있는지 없는지를 제일 먼저 살폈다. 만일 양의 피가 발라져 있지 않으면 그 집으로 들어가 장자의 목숨을 끊어 놓았다. 이스라엘 백성들이 사는 지역은 무사했다. 하지만 애굽 백성들이 사는 지역에서는 한 순간에 큰 곡성이 울려 퍼졌다. 모든 집에서 한 명씩 죽임을 당했기 때문이다. 죽음의 신은 집 안으로 들어가기 전 문 밖에 양의 피가 뿌려 있는지를 확인했고 뿌려 있는 집은 건너뛰었으며 뿌려 있지 않은 집은 들어가 장자를 죽였다. 죽음의 신은 집 안에 어떤 사람이 있는지에는 관심이 없었다. 집 안의 사람들이 의인인지, 착한 사람인지, 도둑인지, 강도인지, 살인자인지, 갓난아이인지, 돈이 많은 사람인지 죽음의 신은 관심이 없었던 것이다. 그들의 관심은 오직 한 가지 문 밖에 피가 발라져 있는지뿐이었다. 피가 발라져 있다면 그 집은 죽임의 대상에서 제외되었고 피가 발라져 있지 않았다면 당연히 죽임의 대상이 되었다. 죽임을 당하느냐 아니냐를 결정하는 것은 단 한 가지였다. 양의 피였다. 하루 밤 사이에 온 애굽 땅 전역에는 무시무시한 살육이 있었고, 애굽의 거의 모든 가정에서 장례가 났다. 심지어 바로왕의 아들에게도 죽음은 예외가 없었다. 왜냐하면 바로왕의 문 앞에는 양의 피가 발라져 있지 않았기 때문이다. 나라의 왕일지라도 죽음을 막지 못했고 결국, 아들의 방 밖에 호위병들을 겹겹이 배치해 놓았음에도 죽음을 피할 수 없었다. 바로왕이 몹시 사랑하는 아들이며 하나밖에 없는 외아들이었지만 양의 피가 발라져 있지 않았기 때문에 죽임을 당할 수밖에 없었던 것이다.

② 유월절의 의미

유월절의 핵심은 무엇인가? 양의 피다. 양의 피를 바르면 살고 그렇지 않으면 죽음이었다. 양의 피가 문에 발라져 있는 것을 보면 그 집은 지나쳤다. 죽음의 대상에서 제외되었다. 이것이 유월절의 핵심이다. 그렇다면 유월절의 의미는 무엇인가? 유월절은 무엇을 말하는가?

죽임을 당하는 그날 밤, 죽임에서 제외되었던 이유는 양의 피를 문에 바른 것밖에는 아무것도 없었다. 집 안에 살고 있는 사람들의 신분이나 권력, 재능, 성품과는 아무런 상관이 없다. 집 안의 사람들과는 무관했다.

여기서 양의 피가 중요하다. 죽느냐 사느냐는 양의 피에 달려 있었다. 양의 피를 문 밖에 바르라는 하나님의 명령을 듣고 그대로 따른 사람에게는 죽음이 지나쳤고 순종하지 않은 사람은 죽음을 피할 수 없었다. 이것은 하나님께서 만들어 놓은 하나님의 방법이자 하나님의 생각이었고 계획이었다. 사느냐 죽느냐를 결정짓는 방법은 하나님이 제안한 것이었다. 하나님은 죽이려는 계획도 발표했고 죽임을 면하는 방법도 말씀해 주셨다. 죽임을 당하지 않기 위해 행동할 것을 자세히 알려 주셨다. 하나님은 간단한 방법을 알려 주셨는데, 그것은 양을 잡아 그 피를 문 밖에 바르라는 것이다. 그러면 살 수 있었다. 그러나 애굽 사람들은 하나님의 방법에 귀를 기울이지 않고 무시했으며 죽음이 올 것을 믿지 않고 외면한 대가로 장자의 죽임을 당하고 말았다. 양의 피는 삶과 죽음을 결정하는 열쇠였고 구원의 표징이었다.

양의 피는 무엇을 의미하는가? 누구든지 양의 피를 문 밖에 바르면 살 수 있었다. 즉, 양의 피는 구원의 상징이며 예수 그리스도를 말한다. 기독교는 누구든지 예수 그리스도를 통해 죄의 사함을 받고 영생에 이른다고 말한다. 영생에 이르는 유일한 방법은 예수 그리스도 한 분뿐이다. 양의 피를 바른 집처럼 예수 그리스도를 믿는 사람은 죽음을 면하고 지옥에 가는 대신 천국에 가는 것이다. 집 안에 거주하는 사람의 특성이 어떠하든, 즉 예수 그리스도를 믿는 사람의 특성이 어떠하든 예수 그리스도를 믿고 있다면 그는 천국에 갈 수 있다는 것이다.

즉, 유월절의 의미는 바로 예수 그리스도 한 분이 구원의 길임을 말해주는 것이다.

원죄는 해결할 수 있는 죄이다. 즉, 한 번 해결하면 사라지고 다시 생성되지 않는다. 하나님께서는 아담과 하와가 선악과를 따먹고 에덴동산에서 쫓겨 나갈 때부터 원죄를 해결하는 방법을 고안해내셨다. 유월절에 장자의 죽임을 양을 통해 면할 수 있었던 것처럼 원죄도 해결할 수 있는 방법을 생각해내셨다. 집 안 사람들을 대신하여 양이 죽임을 당하고 그 피가 문에 뿌려졌을 때 그들은 구원받았다. 마찬가지로 예수 그리스도 한 사람이 대신하여 모든 인류의 원죄를 해결하기 위해 죽임을 당했고 피를 흘렸다. 예수 그리스도의 죽음은 집 안의 사람들을 살려 준 유월절의 양과 같다. 예수 그리스도의 죽음은 집 안 사람을 살리기 위해 대신 죽은 어린 양의 죽음과 같다. 집 문 밖에 발라진 양의 피는 인류의 죄를 사하기 위해 십자가에서 죽을 때 흘린 예수 그리스도의 피를 의미한다. 문에 발라진 피를 보고 죽이지 않고 지나친 것은 사람들 마음에 예수 그리스도가 있으면 구원을 받는다는 것을 의미한다. 다른 것으로는 원죄를 해결할 수 없다. 지식, 정보, 권세, 권력, 부와 명예, 학위 등 그 어떤 것도 원죄를 해결할 수 있는 조건이 될 수 없다. 선하게 사는 것 역시 불가능하다. 하나님께서 원죄를 해결하신 방법은 예수 그리스도의 죽음 한 가지 뿐이다.

3

구원자, 예수 그리스도

• 1. 예수 그리스도의 이름

　예수 그리스도란 이름을 살펴보자. 예수 그리스도란 이름은 '예수' 와 '그리스도' 라는 말이 합쳐져서 만들어졌다. '예수' 의 이름은 '죄에서 구원할 자' 라는 뜻이다. '아들을 낳으리니 이름을 예수라 하라. 이는 그가 자기 백성을 그들의 죄에서 구원할 자이심이라 하니라.' (마태복음 1:21). '그리스도' 는 예수님이 어떤 분인지를 설명해 주는 직함이다. 예를 들어, OOO 대통령이라면 'OOO' 이라는 사람이 대통령이라는 뜻이다. 따라서 예수 그리스도는 '예수님은 그리스도이다.' 라는 뜻이다. '그리스도($X\rho\iota\sigma\tau\omega$)' 라는 말은 구약의 메시아를 그리스어로 번역한 것이다. 라틴어 'Christus(크리스투스)', 영어로는 'Christ(크라이스트)', 그리스어로는 'Christos(크리스토스)' 로 표기한다. 그리스도는 '기름 부음 받은 자', '기름 부어 세운 자' 라는 뜻이다. 구약시대에는 선지자(하나님의 말씀을 전하는 사람 – 예언자), 제사장(제사를 담당하는 사람 – 사제), 왕(임금)을 세울 때 사람을 세운다는 의미로 머리에 기름을 부었다. 따라서 예수 그리스도란 '기름부음 받은 구원자' 라는 뜻을 가지고 있다.

기독교에서 가장 중요한 사람은 예수 그리스도이다. 예수는 기독교의 존재 이유이기 때문이다. 기독교는 인류 가운데 끊임없이 유전되어 내려오는 원죄를 해결하여 구원에 이르도록 하는 종교로서 원죄를 해결시키고 구원에 이르게 하기 위하여 오신 분이 예수 그리스도이다. 따라서 예수는 기독교에서 없어서는 안 될 가장 중요한 인물이다.

2. 예수 그리스도의 생애

1 처녀의 몸에서 잉태되었다.

모든 신화나 종교에는 교주(창시자)가 있고 창시자에 대한 각각의 이야기들로 가득 차 있다. 특히 신화의 경우 창시자의 출생은 보통 사람과 다른 특이함을 가지고 있다. 예수님의 출생도 이와 마찬가지여서 보통 사람과 매우 다르다. 보통 사람들의 출생은 반드시 남녀의 성적인 관계를 통해 임신을 해야 가능하다. 그런데 예수님의 출생은 그렇지 않다. 성경은 처녀가 임신하여 예수님이 태어났다고 말하고 있다. 이 얼마나 놀라운 사실인가! 예수님의 아버지(요셉)와 어머니(마리아)는 약혼은 했지만 결혼식을 하기 전으로 육체적인 관계는 맺지 않았다. 그러나 약혼 후 얼마 지나지 않아 마리아는 임신을 하게 된다. 마리아는 임신 전 약혼자뿐 아니라 어떤 남자와도 성관계를 맺은 적이 전혀 없었는데 임신이 되었으니 많이 당황했을 것이다. 그때 마리아의 꿈에 천사가 나타나서 마리아의 몸에 일어난 임신에 대해 '하나님께서 인류의 구원자를 이 땅에 보내기 위해 마리아의 몸에 아이를 잉태하게 했다.'고 설명하였다. 요셉도 같은 시기에 마리아가 꾼 꿈의 내용과 같은 꿈을 꾸게 되는데, '아내가 될 마리아가 임신을 하였는데 하나님께서 하신 일이고 앞으로 태어날 사람은 모든 사람의 죄를 사할 사람이 될 것' 임을 듣게 되었다. 요셉과 마리아는 꿈을 믿었고 아이가 태어나기 전까지 부부관계를 하지 않았다. 열 달을 채워 드디어 마리아는 출산을 하게 되었는데, 태어난 아기가 바로 예수님이다. 이 모든 과정은 현대과학으로 설명하기 어렵다. 사람은 남자와 여자의 육체적 관계를 통해서만 아이를 임신할 수 있기 때문이다. 그런데 예수님의 경우는 전혀 달랐다. 성경에서는 예수님의 부모인 요셉과 마리아가 혼인은 하였지만 동침하지 않았고 성령이 마리아의 몸에 예수님을 잉태시켰다고 증언한다. 성령은 하나님의 신으로 불가능이 없는 분이므로 남자의 도움 없이 처녀인 마리아 혼자서 아이를 갖게 하신 것이다. 이것을 기독교에서는 '동정녀 탄생' 이라고 부른다. 남자의 도움 없이 태어난 것은 매우 중요한 의미를 가진다. 원죄는 부부와의 관계를 통해 유전이 되기 때문이다. 체외수정을 통해 태어난 아이일지라도 남자의 정자와 여자의 난자가 만났기 때문에 원죄는 흘러오게 된다. 그런데 예수님은 남자의 도움 없이 태어났기 때문에 예수님에게는 원죄가 흘러오지 않았다. 따라서 예수님은 죄가 없는 분이셨다. 그러므로 죄가 없는 예수님이야말로 인류에게 끊임없이 흘러오는 원죄를 해결할 수 있는 자격이 되는 분이다.

왜 죄 없는 예수님이 원죄를 해결할 수 있는 유일한 자격을 가질까? 이것을 설명하기 위해서 구약시대에 행해졌던 제사를 살펴보고자 한다. 구약의 제사는 예수 그리스도를 의미하고 있기 때문이다.

구약시대에는 죄를 사함받기 위해 드리던 제사가 있었다. 제사의 이름은 '번제' 라고 하는데, 이는 제물을 완전히 다 태워 그 향기를 하나님께 올려드리는 제사였다. 번제를 드리기 원하는 사람은 제물을 정성껏 준비해 가지고 와야 한다. 대체로 1년 정도 된 양으로 아무런 흠이 없는 수컷이었고 때로는 소나 염소나 비둘기로 제물을 삼을 수 있는데, 이때 제물은 털이 빠지거나 다치지 않은 아무런 흠이 없는 것이어야 한다. 제물을 가지고 오면 제물의 주인은 제물의 머리에 자신의 두 손을 얹고 자신이 용서받아야 할 모든 죄를 제물에게 고백하는 기도를 한다. 이렇게 자신의 죄를 모두 제물에게 고백하면 제물은 주인의 모든 죄를 대신 짊어지게 된다. 죄의 고백이 끝나면 제사를 담당하는 제사장들이 제물을 죽이고 피를 받아 성전에 뿌린다. 그 제물은 주인의 죗값을 치루기 위해 대신 죽임을 당하는 것이다. 피를 뿌리고 남은 제물은 제단에 올려놓고 모두 태우는데 제물을 태울 때 주인의 죄를 하나님은 용서해 주신다. 죄인이었던 사람을 대신해서 제물이 죽임을 당하고 모두 태워질 때 비로소 주인이 고백한 죄들은 사라지게 된다. 구약에서는 사람 대신 짐승을 죽이고 피를 흘리게 함으로써 죄를 사했다. 구약의 제사는 죄를 씻기 위해 드린 것이다.

예수님은 구약의 번제에 바치는 양과 같다. 양이 주인의 죄를 대신 뒤집어쓴 것처럼 예수님도 인류가 가진 원죄와 모든 죄를 대신 뒤집어쓴 것이다. 양이 죽임을 당해야 했던 것처럼 예수님도 모든 사람의 죄를 위하여 죽임을 당해야 했다. 예수님은 모든 사람을 대신하여 죽임을 당했고 그로 인해 모든 사람의 죄는 말끔하게 씻기었다. 번제에 드려지는 제물에 흠이 없어야 했듯이 인류의 죄를 씻기 위해 죽임을 당하실 예수님 역시 흠이 없어야 했다. 예수님에게서의 흠이란 '원죄'를 말한다. 원죄가 있는 상태로서는 인류의 죄를 대신해서 죽임을 당할 자격이 없는데 남자와 여자가 만나 예수님이 태어났다면 예수님의 몸 안에 원죄가 흘러 들어왔을 것이고 그렇다면 제물이 될 수 없었다. 즉, 깨끗하고 흠이 없는 제물이 되기 위해서는 처녀의 몸에 잉태되어 태어나야만 했다. 하나님은 이 사실을 알고 계셨기에 마리아의 몸에 요셉의 도움 없이 예수님을 잉태케 하셨다. 이처럼 예수님은 하나님께서 처녀의 몸에서 잉태하게 한 후 태어난 분이다.

처녀의 몸에서 태어난 사실을 부정하게 되면 어떻게 될까?

기독교에서 예수님의 탄생은 민감한 부분이다. 예수님의 탄생이 남자와 여자의 육체적인 관계를 통해 이루어졌다면 어떻게 될까? 그 의미는 어떻게 달라질까? 그렇다면 예수님도 아담과 하와가 지은 '원죄'가 흘러 들어온 죄인으로 태어나는 것이므로 기독교의 죄 사함 개념과 의미는 모두 사라지게 된다. 즉, '원죄'가 예수님의 몸에 흘러 들어왔기 때문에 예수님은 모든 인류의 원죄를 해결하기 위한 죄 사함의 제물이 될 자격이 안 되는 것이다. 진정한 죄 사함은 원죄가 없는 사람이 대신해서 죽어야 이루어진다. 원죄를 가지고 태어난 사람은 다른 사람의 죄를 대신해서 죽을지라도 아무런 도움이 되지 못한다. 그러므로 아담과 하와가 지었던 원죄를 해결할 수 있는 자격은 남녀의 육체적 관계를 통해 태어난 보통 사람이 아닌, 원죄 없이 태어난 특별한 사람이어야 했다. 그래서 하나님은 인류의 죄를 모두 씻게 하기 위하여 죄 없이 태어난 사람이 필요했고 그가 바로 예수님이다. 그러므로 처녀의 몸에서 태어난 사실을 부정하게 된다면 기독교는 아무런 의미가 없는 종교가 된다. 예수님은 처녀의 몸에서 태어난 분이기에 현재 기독교는 죄를 사할 수 있는 유일한 종교가 될 수 있다. 유감스럽게도, 간혹 처녀의 몸에서 탄생한 사실을 부인하는 사람들이 자신들의 이론을 강력하게 주장하는 것을 접할 때가 있는데 이는 분명히 이단적인 행위이다. 그가 목회자든 신학자든 유명하고 훌륭한 사람이든 예수님이 처녀의 몸에서 탄생한 사실을 부정한다면 그는 더 이상 기독교 신자라 할 수 없다.

2 사역 활동(예수님이 하신 일)

어린 시절 예수님은 나사렛이라는 동네에서 자랐다. 청년이 된 이후 예수님은 부모의 곁을 떠나 새로운 인생을 시작하였다. 그의 나이 약 30세! 결혼도 하지 않은 예수님은 사람들을 만나며 자신과 함께 새로운 삶을 살자고 권유하였고, 그 사람들은 예수님을 따라 나서 예수님의 제자가 되었다. 예수님의 제자는 12명이다. 12명 이외에 더 많은 제자들이 있었지만 예수님은 12명과 동고동락하였고, 12명의 제자들과 함께 여기저기 다니면서 많은 일을 했다. 병든 사람이 있으면 병을 고쳐 주었고 귀신이 들려 고통당하는 사람을 만나면 귀신을 내쫓아서 깨끗하게 해 주었다. 사람들이 모인 곳에서는 감동을 주는 말씀도 들려 주었다. 때로는 기적을 행하여 사람들을 돕기도 했다. 대표적인 기적은 물고기 두 마리와 보리떡 다섯 개로 오천 명을 배불리 먹인 사건이다.

● 오병이어의 기적 이야기

오천 명의 무리가 예수님의 말씀을 듣기 위해 그리고 병 낫기를 위해 집을 떠나 광야에 모였다. 이미 집을 떠난 지 오래되어 식사할 때가 되었지만 아무도 음식을 갖고 나오지 않았다. 시간이 지나면서 사람들은 배고프고 피곤해졌다. 예수님은 이런 무리들을 보고 먹을 것을 주고 싶어 했다. 하지만 그곳엔 오천 명을 먹일 음식이 없었다. 가지고 있는 음식이란 고작 물고기 두 마리와 보리떡 다섯 개가 전부였다. 예수님은 그 음식을 가지고 오라했고 손에 올려 놓고 하늘을 향해 잠깐 기도를 드렸다. 기도가 끝난 후 제자들에게 이 음식을 사람들에게 나누어 주라고 했다. 제자들은 음식을 사람들에게 나누어 주기 시작했다. 바로 그때 신비한 일이 벌어졌다. 나누면 나눌수록 음식이 그만큼 생겨나는 것이었다. 한 사람이 먹을 분량의 음식이 서서히 모든 사람들이 먹을 만큼 생겨났다. 무리들은 놀라움을 금치 못했다. 오천 명은 예수님의 기적 행하심으로 배불리 음식을 먹을 수 있었다. 심지어 음식이 12 광주리에 가득 차도록 남게 되었다.(마태복음 14:13~21)

예수님은 많은 사람들을 만났고 그들에게 선한 영향력을 행하셨다. 사람들은 예수님을 좋아했고 따랐다. 부정과 잘못을 행하는 사람들에게는 담대히 죄를 회개할 것을 요구하기도 했으며 불쌍한 사람을 만났을 때는 위로하고 격려해 주기도 했다. 예수님을 따르는 12명의 제자들은 함께 다니면서 예수님의 삶을 보았고 예수님의 가르침을 직접 들으면서 배울 수 있었다. 예수님은 12명의 제자들과 함께 생활하면서 그들을 훈련하고 가르치는 것을 우선적으로 행하였다. 예수님은 이러한 삶을 약 3년 6개월 정도 살았다.

3 예수님의 죽음

① 예수님의 붙잡힘

예수님은 제자들과 지내다가 유대인들에게 붙잡히는데, 여기에는 정치적인 이유와 종교적인 이유가 얽혀 있다. 정치적인 이유는 사람들을 동요시키고 대중들이 열광적으로 지지하는 것을 경계하기 위한 것이었고, 종교적인 이유는 예수님이 하나님을 모독하는 신성모독죄를 지었다는 것이었다. 붙잡히기 전 예수님은 12명의 제자들과 저녁식사를 함께 하면서 여기 있는 제자 중 자신을 팔 사람이 있다고 말씀하셨다. 그 제자는 가룟 유다였다. 예수님의 12제자 중 가룟 유다가 대제사장들에게 가서 은 삼십 개를 받고 예수를 팔아버린 것이다.

● 마태복음 26:14~16

14) 그때에 열둘 중에 하나인 가룟 유다라 하는 자가 대제사장들에게 가서 말하되

15) 내가 예수를 너희에게 넘겨주리니 얼마나 주려느냐 하니 그들이 은 삼십을 달아 주거늘

16) 그가 그때부터 예수를 넘겨 줄 기회를 찾더라.

만찬을 마친 예수님은 제자들과 함께 감람산으로 올라가셨고 그곳에서 밤새 기도하셨다. 새벽 쯤 대제사장들과 장로들 그리고 많은 무리들이 예수님을 잡으려고 왔다.

가룟 유다는 붙잡으러 온 사람들에게 자신이 입 맞추는 사람이 예수임을 미리 약속하였고 감람산에서 기도하는 예수님께 가까이 가서 입을 맞추었다. 잡으러 온 사람들은 유다가 입맞춘 예수님을 붙잡아 공회로 끌고 갔다.

공회에 붙잡혀 온 예수님은 종교재판을 받는데 죄목은 '신성모독죄'였다. 여러 증인들이 예수님께서 했던 말 중 신성모독에 해당되는 것들을 증언했다. 대제사장들은 신성모독죄에 해당하는 사형을 구형하기로 결정했다. 그러나 사형은 종교법으로는 할 수 없었기에 예루살렘을 통치하던 로마 총독 빌라도에게 예수님을 보냈다. 대제사장들은 로마법으로 예수님을 죽이기 위해서 예수님이 유대인의 왕이라고 말했다는 죄목으로 넘겼다. 로마 총독 빌라도는 예수님을 심문했으나 그를 죽일 만한 죄를 찾지 못해서 풀어주려 했지만 이를 안 대제사장들은 무조건 십자가에 못 박아 죽이라고 외치도록 사람들을 선동하였다. 예수님이 붙잡힌 시기는 이스라엘에서 가장 큰 절기인 유월절이 시작되었던 때였다. 유월절에는 백성들이 사면을 원하는 사람이 있을 때 죄수 중 한 사람을 풀어 주는 관습이 있었다. 빌라도는 고민 끝에 백성들에게 묻기로 결정하였고 죄수 중 한 사람과 예수를 백성들 앞에 세웠다. 백성들에게 누구를 풀어 주면 좋겠냐고 묻자 사람들은 예수를 십자가에 못 박으라고 외쳤다. 결국 빌라도는 백성들의 요구대로 예수를 십자가에 못 박아 죽이도록 했다. 십자가에 못 박아 죽이는 것은 그 당시 사형제도로서 가장 흉학한 죄수를 죽일 때 사용했던 사형법이었다. 십자가에 못 박아 죽이기 전에는 죄수에게 심한 채찍질을 하게 되어 있어서 예수는 곧 끌려 나갔고 로마 병사에 의해 채찍을 맞았다. 로마 병사들은 가시가 있는 가지를 꺾어 가시관을 만들어 유대인의 왕이니 왕관을 써야 된다면서 예수의 머리에 씌웠다. 그리고 그들은 예수의 옷을 벗겨 나누어 가졌다.

② 예수님은 어떻게 죽었나?

채찍을 맞은 예수는 자신이 못 박혀야 할 커다란 십자가를 지고 사형장인 골고다(해골의 곳)로 향했다. 이미 수없이 채찍을 맞았기에 십자가를 지고 올라갈 수 없었다. 로마 병사들은 구경 나온 사람 중 구레네에서 온 시몬이라는 사람에게 대신 십자가를 지게 하고 사형장에 도착했다. 십자가를 눕혀 놓고 예수를 그 위에 올려놓은 후 양손에 못을 박고 두 발은 포개어 놓고 동시에 못 한 개로 박았다. 못을 박은 후 십자가를 세웠는데 십자가 위에는 유대인의 왕이라는 글이 적힌 푯말을 붙여 놓았다. 못 박힌 손과 발에서는 붉은 피가 쏟아져 나왔고 시간이 흐르면 흐를수록 피를 쏟게 되어 죽는 끔찍한 사형이었다. 못을 뼈에 박는데 예수님은 이때 얼마나 고통스러웠을까! 마침 예수님 양편에 있던 두 명의 죄수도 십자가형을 받았는데, 대부분의 죄수들은 고통 때문에 혼절한다. 예수님은 십자가에 매달린 채 고통을 받았고 큰 고통으로 소리를 지르며 하나님께 울부짖었다. 울부짖음도 잦아들고 조용해졌을 때 숨이 끊어졌는지를 확인하기 위해 로마 군사들은 창으로 예수의 옆구리를 찔렀다. 옆구리에서는 피가 아닌 물이 나왔다. 숨을 거둔 것이다.

4 부활하신 예수님

예수를 따랐던 사람 가운데 아리마대에서 사는 요셉이라는 사람이 빌라도에게 가서 예수의 시체를 가져가도 좋다는 허락을 받고 자신이 사용하려고 준비해 두었던 새 무덤으로 예수를 가져갔다. 깨끗한 세마포로 예수를 덮고 커다란 바위를 뚫어 만든 무덤에 예수를 묻은 후, 바깥 입구를 다시 큰 바위로 틀어막았다. 바위를 뚫어 시체를 놓고 바위로 무덤을 막는 것은 그 당시 장례 문화였다. 한편, 장례를 마친 후 대제사장들과 바리새인들은 빌라도에게 찾아가 예수가 살아 있었을 당시, 죽은 후 다시 살아날 것이라는 말을 했으므로 혹여 예수를 따르던 무리들 가운데 무덤 속에 있는 예수를 훔친 후 다시 살아났다고 할 수 있으므로 경비병을 무덤에 세워 줄 것을 요구했다. 빌라도는 경비병을 보내 예수의 무덤 주위를 삼엄하게 경비하도록 하였다. 장례가 끝나고 그 다음 날은 안식일이었다. 안식일이 지나고 그 다음 날 새벽에 놀라운 일이 일어났다. 무덤을 막고 있던 돌이 옮겨져 무덤 안에 있던 예수는 그를 덮고 있던 세마포만 남겨둔 채 사라진 것이다. 경비병들은 모두 잠이 들어 있었고 아무도 예수가 어떻게 사라졌는지 목격한 사람이 없었다. 새벽에 막달라 마리아와 또 다른 마리아가 무덤을 찾았다. 무덤에 가까이 갔을 때 큰 지진이 나며 천사가 무덤을 막고 있던 돌을 굴려내 그 위에 앉았다. 무덤을 지키던 병사들은 크게 놀라 꼼짝도 하지 못했다. 천사는 무덤을 찾은 여인들에게 "예수는 그가 말했던 것처럼 다시 살아나셨다."고 말하고, 그가 누웠던 곳을 보라고 했다. 그리고 그가 다시 살아나셨음을 제자들에게 가서 전하라고 했다. 여인들이 무덤 속으로 들어갔지만 천사가 말한 것처럼 세마포만이 예수님이 누운 자리에 있었을 뿐 예수님을 찾을 수 없었다. 여인들은 천사의 말을 듣고 매우 기뻐했고 제자들에게 이 소식을 전하기 위해 뛰어갔다. 예수님은 잠시 후 제자들에게 가는 여인들에게 모습을 나타내 평안을 물은 후, 제자들에게 가서 갈릴리로 오면 만날 것이라고 전하라고 했다. 여인들은 슬픔 가운데 있는 제자들에게 찾아가서 방금 있었던 기쁜 소식을 알렸다. 한편, 무덤을 지키던 병사들은 대제사장들에게 가서 있었던 일을 그대로 전했는데 대제사장들은 그들에게 많은 돈을 주고 거짓으로 증거할 것을 당부했다. 예수를 따르는 제자들이 와서 시체를 도둑질해 갔다고 말해 달라는 것이었다. 병사들은 돈을 받고 대제사장들이 시키는 대로 예수의 제자들이 무덤에 와서 시체를 훔쳐갔다고 사람들에게 거짓말을 했다. 사람들은 병사들의 말을 믿었다.

예수님은 무덤에 장사지낸 후 삼일 만에 부활하셨다. 부활은 다시 살아난 것을 말한다. 하나님께서 예수님을 다시 살리신 것이다. 부활한 예수님은 여인들에게 나타나셨고 그 후 많은 사람들에게도 모습을 보이셨다. 예수님을 잃고 슬픔에 차 있던 제자들이 모였던 다락방에 예수님이 찾아 오셨다. 제자들은 기뻐했다. 하지만 믿을 수 없는 일이었기에 놀라움도 가득했다. 예수님은 아직도 못 자국이 선명한 자신의 양손을 내 보이시며 제자들에게 의심하지 말라고 하셨다. 예수님의 못 자국이 난 손을 본 제자들은 환영이 아닌 정말 다시 살아난 예수님을 보고 부활한 사실을 확실히 믿었다. 갈릴리 바닷가에서 예수님은 제자들과 함께 방금 잡은 고기를 구워서 먹기도 했다. 부활한 예수님은 12제자 중 베드로에게 말씀했다. '네가 나를 사랑하느냐?' 베드로는 사랑한다고 대답했다. 예수님은 베드로에게 '내 양들을 먹여달라.'고 부탁하셨다. 예수님은 죽은 지 사흘만에 부활하신 것이다.

① 부활절이란?

예수님은 금요일에 십자가에 못 박혀 죽으시고 장사된 후 삼일(2박 3일)만인 일요일 새벽에 다시 살아나셨다. 부활절은 이를 기념하는 주일날을 가리킨다. 부활절을 의미하는 이스터(Easter)는 고대 앵글로−색슨어인 Eastre(이스트르)와 Ostara(오스타라)가 합성된 말로서 유럽의 튜튼족이 숭배한 새벽과 봄의 여신을 뜻하는 말에서 유래된 것이다. 즉,어둠을 물리친다는 의미인 새벽과 새 생명이 겨울을 이기고 나온다는 의미의 봄이라는 두 단어를 합성하여 부활절을 가리키는 명칭이 되었다. 부활절은 제1회 니케아 공의회에서 결정된 것으로 춘분(춘분春分: 3월 21일경) 후에 오는 최초의 만월 다음 첫 번째 일요일이다. 따라서 보통의 경우, 부활절은 3월 22일부터 4월 26일 사이에 있게 된다. 부활절은 성탄절과 함께 가장 의미 있는 날로서 한국 교회에서도 이때 다양한 행사를 갖는다. 주로 세례식, 달걀 삶아 나누어 먹기 등의 행사를 통하여 예수 그리스도의 부활을 기념하는데, 부활절에 삶은 달걀을 나눠 주는 것은 단단한 달걀 껍질을 깨고 나오는 병아리처럼 부활하신 그리스도를 기념하기 위해서이다. 또한 달걀 안에 부화할 수 있는 생명이 있다는 것 역시 그리스도의 부활을 상징한다.

② 부활의 의미

첫째, 죽은 사람이 다시 살아난 것이다. 예수님은 죽었다가 다시 살아났다. 이 사실은 과학적으로 설명하기 어려운 부분이다. 죽음이란 심장이 멎는 것이고, 숨을 쉬지 않을 때 죽음이라고 한다. 예수님은 심장이 멎은 지 몇 분 후에 살아난 것이 아니라 3일이 지나서 살아나셨다. 부활에서 가장 핵심되는 것은 죽은 사람이 살아났다는 것이다. 이것은 예수님을 따르던 제자들이 꾸며낸 일이 아니고 구약성경에서 예언되어 왔던 사건이다. 예수님도 자신의 죽음과 다시 살아날 것을 제자들에게 말씀하셨다. 누가복음 9장 22절에 '가라사대 인자가 많은 고난을 받고 장로들과 대제사장들과 서기관들에게 버린 바 되어 죽임을 당하고 제 삼일에 살아나야 하리라 하시고'라고 기록하고 있다. 또 다른 성경구절에는 예수님이 부활한 것을 목격한 사람들의 증언이 기록되어 있다. 마태복음 28장 9절에 '예수께서 그들을 만나 이르시되 평안하냐 하시거늘 여자들이 나아가 그 발을 붙잡고 경배하니, 이에 예수께서 이르시되 무서워하지 말라. 가서 내 형제들에게 갈릴리로 가라 하라. 거기서 나를 보리라 하시니라.'고 기록되어 있다. 이 말씀은 예수님의 무덤에 찾아간 여인들에게 부활한 예수님이 직접 나타나서 대화한 내용이다. 예수님은 제자 가운데 예수님이 죽임을 당하자 엠마오로 내려가던 두 명의 제자들에게도 나타났다. 이처럼 예수님의 부활은 성경에서 여러 차례 증언되고 있다. 하지만 사람들은 예수님의 부활을 의심하고 믿지 못한다. 왜냐하면 죽었다가 살아나는 것은 불가능한 일이므로 당연히 믿을 수 없고 과학적으로도 설명이 불가능하기 때문이다. 어떻게 사람이 죽었다가 3일 만에 다시 살아날 수 있겠는가! 역사상 단 한 번도 있지 않았던 사건이고 믿을 수 없는 사건이다. 이러한 점에서 부활은 매우 중요한 의미를 가지고 있다. 왜냐하면 부활은 사람의 사고와 경험으로는 받아들일 수 없는 사건이기 때문이다. 그래서 이 사건은 반드시 믿음을 요구한다. 믿음이 없이는 부활을 인정하거나 받아들일 수 없기 때문이다. 부활은 일반적인 사고방식으로는 이해할 수 없을 뿐만 아니라 받아들일 수 없다. 따라서 예수님이 3일 만에 다시 살아난 것은 믿음으로만 인정할 수밖에 없다. 부활은 사람들의 기본적인 생각으로는 이해할 수 없고 인정할 수 없는 사건이기 때문에 반드시 믿음이 필요하다. 믿음으로 부활을 받아들일 때 부활의 큰 의미가 있다.

두 번째는 예수님은 부활한 이후 지금까지 살아계신다는 것이다.

예수님은 부활한 후 40일 간 제자들과 함께 지냈다. 그리고 구름을 타고 하나님이 계신 곳으로 승천하셨다. 승천한 이후 하나님 곁에 계시면서 지금까지 살아계신 분이다. 예수님은 하나님의 곁에 계시면서 그리스도인들을 위해 하나님께 기도하고 계신다.

세 번째, 부활은 하나님 나라를 의미한다. 사람은 죽은 후 그의 영은 천국과 지옥 둘 중 한 곳에 가게 되는데, 예수님을 믿어 원죄를 사함 받은 사람은 천국에 가게 된다. 천국은 그리스도인들이 소망하는 하나님이 계신 나라로서 영원히 행복한 가운데 사는 나라이다. 한 사람이 이 세상에 태어나 생을 다하고 죽은 후 천국에 들어가는 것을 그리스도인들은 믿음으로 이해하고 받아들이고 있다. 이처럼 하나님의 나라는 죽음 후에 가는 새로운 곳이므로 다시 태어나는 의미를 가지고 있다. 이것을 예수님은 부활을 통해 예표로 보여주신 것이다. 예수님은 부활하였다. 이처럼 그리스도인들이 사망한 후 하나님의 나라에 들어가는 것을 예수님의 부활을 통해 믿는 것이다.

5 승천하신 예수님

예수님은 부활한 이후 40일이 지난 후 감람산에서 많은 사람들이 지켜보는 가운데 구름을 타고 하나님이 계신 곳으로 들려 올라가셨다. 예수님이 구름을 타고 하나님이 계신 곳으로 올라간 것을 '승천'이라고 말한다. 승천에 대해 성경은 다음과 같이 기록하고 있다. '이 말씀을 마치시고 그들이 보는데 올려 가시니 구름이 그를 가리어 보이지 않게 하더라.'(사도행전 1:9) 이 말씀에서 그들이란 예수님의 제자들과 많은 무리들을 가리킨다. 그들이 예수님의 승천 모습을 지켜보고 있을 때 흰 옷 입은 두 명의 사람이 그들에게, '여러분들이 하늘로 올라가는 예수님의 이 모습 그대로 언젠가는 다시 올 것이다.'라고 말했다. 이때 흰 옷 입은 두 사람을 천사라고 보는 견해도 있다. 예수님은 승천하시기 전 마지막으로 지켜보고 있던 사람들에게 말씀하셨다. '오직 성령이 너희에게 임하시면 너희가 권능을 받고 예루살렘과 온 유대와 사마리아와 땅 끝까지 이르러 내 증인이 되리라 하시니라.'(사도행전 1:8) 이 말씀은 예수님께서 마지막으로 말씀하신 당부의 말씀이다. 말씀의 내용은 온 땅에 나의 증인이 되라는 것이다. 예수님의 제자들은 마지막 말씀대로 예수님을 많은 사람들에게 증거하기 시작했다. 예수님의 승천 이후부터 시작된 증거는 오늘날까지 세계 곳곳에 전해지고 있다.

승천한 후 예수님은 어디에 계시는가?

스데반이라는 사람이 핍박을 받을 때 예수님이 하나님 곁에 서 있는 모습을 보게 된다. 사도행전 7장 55절~56절에 보면, '55) 스데반이 성령이 충만하여 하늘을 우러러 주목하여 하나님의 영광과 및 예수께서 하나님 우편에 서신 것을 보고 56) 말하되 보라 하늘이 열리고 인자가 하나님 우편에 서신 것을 보노라 한대'라고 기록되어 있다. 이 말씀에서 예수님이 어디에 있는지를 알 수 있다. 스데반은 예수님이 하나님의 오른편에 서 있는 모습을 보았다. 따라서 예수님은 하나님이 계신 곳으로 올라가셨고 언젠가는 구름을 타고 다시 이 땅에 오실 것이다.'

예수님은 승천하신 후 무엇을 하시는가?

예수님은 제자들과 대화하면서 승천할 것에 대해 미리 말씀했다. 아버지 집이라고 표현한 하나님의 나라에 예수님은 제자들의 거처를 마련하기 위하여 갈 것이라고 말을 했다. 그리고 거처가 준비되면 다시 와서 그곳으로 데리고 갈 것이라고 했다. 이것은 승천에 관련한 말로서 왜 승천하는지에 대한 목적을 담고 있다. 그것은 제자들이 머물 거처를 준비하기 위함이며 다시 말해, 천국을 준비하러 간다는 의미이다. 준비가 다 끝나면 다시 와서 모두 천국으로 인도할 것이라는 약속의 말씀이다. 요한복음 14장 2~3절에서는 '2) 내 아버지 집에 거할 곳이 많도다. 그렇지 않으면 너희에게 일렀으리라. 내가 너희를 위하여 거처를 예비하러 가노니 3) 가서 너희를 위하여 거처를 예비하면 내가 다시 와서 너희를 내게로 영접하여 나 있는 곳에 너희도 있게 하리라.' 고 하였다.

예수님은 지금도 하나님과 함께 계시면서 천국을 준비하고 계신다.

⑥ 다시 오실 예수님(재림)

예수님이 다시 이 땅에 오는 것을 '재림' 이라고 말한다. 요한복음 14장 3절의 말씀에 보면, 승천한 예수님은 다시 올 것을 약속하면서, 거처를 다 예비하면 다시 데리러 올 것이라고 말했다. 재림은 기독교에서 가장 많은 의견들을 가지고 있는 부분이다. 많은 신학자들과 목회자들은 재림에 대해 서로 다른 견해들을 발표하고 있다. 재림에 대한 논쟁은 오래 전부터 시작해서 지금도 멈출 줄 모르고 있다. 그만큼 재림은 기독교에서 중요한 관심사이기도 하다. 나아가, 재림에 대한 서로 다른 의견으로 인해 사이비 종교들이 우후죽순처럼 판을 치고 있는 현실이다. 따라서 재림에 대한 설명은 성경에서 말하고 있는 것만 다루고자 한다. 신학적인 해석이나 관점은 자칫 오해를 나을 수 있기 때문이다. 다만, 지금까지 신학자들이나 목회자들이 주장해 온 재림에 대한 내용 가운데 공통되는 것을 소개하고자 한다.

첫째, 재림은 세상의 마지막 다시 말해, 종말을 의미한다. 따라서 기독교 세계관은 종말론적이다. 예수님이 이 땅에 다시 오는 그날 세상의 역사는 끝이 난다. 그래서 종말이라고 표현한다. 예수님이 재림하고 나면 세상은 끝이 난다. 역사는 더 이상 지속되지 않는다.

둘째, 재림의 시기는 아무도 모른다는 것이다. 언제 예수님이 다시 이 땅에 올지 정확한 날짜는 아무도 모른다는 것이다. 그 누구도 재림의 때를 알 수 없다. 신학자들도 목회자들도 하나님과 깊은 영적인 교류를 나누는 사람도 재림의 시기는 알 수 없다. 다만 하나님만이 재림의 정확한 때를 알고 있다. 재림의 당사자인 예수님도 재림의 날은 알지 못한다. 하나님께서 예수님의 재림을 명령하실 분이기 때문이다. 재림의 당사자인 예수님도 모르는데 하물며 인간이 재림의 때를 어찌 알 수 있겠는가! 따라서 재림의 시기가 언제인지 발표하거나 강요한다면 무조건 잘못된 말이다. 최근 사이비 종교 집단에서 예수님의 재림에 대해서 구체적으로 언제 이루어질 것이라고 말을 하여 사람들을 혼란에 빠뜨리는 경우가 종종 있다. 세상의 끝이라는 주장으로 사람들의 마음을 두렵게 만들어 정신적으로나 신앙적으로 공황상태에 빠뜨리는 사이비 종교 단체들이 급증하고 있는데 모두 잘못된 종파요 주장들이므로 현혹되어서는 안 된다. 재림의 구체적인 때를 말한다면 모두 잘못된 것이다. 재림은 오직 한 분 하나님만이 알고 계시기 때문이다. 혹시 이 글을 접하는 여러분이 다니는 교회나 주변 사람들이 재림의 때를 말한다면 즉시 교회를 떠나기 바란다. 그런 교회는 사이비이며 이단이다. 성경은 재림 시기에 대해 아무도 모른다고 말씀하고 있다. 마태복음 24장 44절에 '이러므로 너희도 준비하고 있으라. 생각하지 않은 때에 인자가 오리라.'고 기록하고 있다. 생각하지 않은 때라는 말은 언제 재림이 될지 모른다는 말이다. '그때에 사람이 너희에게 말하되 보라. 그리스도가 여기 있다 혹 저기 있다 하여도 믿지 말라. 보라 그리스도가 광야에 있다 하여도 나가지 말고 보라 골방에 있다 하여도 믿지 말라. 번개가 동편에서 나서 서편까지 번쩍임 같이 인자의 임함도 그러하리라.'(마태복음 24:23, 26, 27) 새벽에 재림이 될지 저녁이 될지 아니면 몇 년도 몇 시에 재림할지 아무도 모른다는 의미이다.

● 베드로후서 3:10~12

그러나 주의 날이 도적같이 오리니 그날에는 하늘이 큰 소리로 떠나가고 체질이 뜨거운 불에 풀어지고 땅과 그중에 있는 모든 일이 드러나리로다. 이 모든 것이 이렇게 풀어지리니 너희가 어떠한 사람이 되어야 마땅하뇨. 거룩한 행실과 경건함으로 하나님의 날이 임하기를 바라보고 간절히 사모하라. 그날에 하늘이 불에 타서 풀어지고 체질이 뜨거운 불에 녹아지려니와.

셋째, 재림은 예수님이 승천했던 모습 그대로 공중에서 구름을 타고 이루어진다.

많은 사람들이 공중에서 재림하는 예수님의 모습을 보게 될 것이다. 나아가, 이 세계에 있는 모든 사람들이 재림하는 예수님을 동시에 보게 된다. 신학자들은 매스컴의 발달로 재림하는 예수님을 생중계하여 모든 사람들이 보게 된다고 주장한다. 그러나 이 의견 역시 하나의 의견일 뿐이다. 어떻게 모든 사람들이 재림을 보게 될지는 아직은 정확히 알 수 없다. 다만 성경은 모든 사람들이 예수님의 재림을 보게 될 것이라고 말씀하고 있다. 마태복음 24장 30절의 말씀을 보면 '그때에 인자의 징조가 하늘에서 보이겠고 그때에 땅의 모든 족속들이 통곡하며 그들이 인자가 구름을 타고 능력과 큰 영광으로 오는 것을 보리라.'고 기록되어 있다. 이 말씀을 보면 모든 족속들이 인자(예수님)가 구름을 타고 오는 것을 볼 것이라고 말씀하고 있다.

넷째, 재림의 특징은 재림이 있기 전 이 세상에는 여러 가지 징조들이 있을 것이라는 것이다. 이러한 징조들의 특징은 대부분 부정적인 것들로서 극심한 기근과 가뭄, 지진, 나라와 나라 간 전쟁, 사이비 종교의 급증, 자칭 예수라고 주장하는 사람들(이들은 신비한 기적과 이적을 행하는 사람들)의 급증, 매우 고통스러운 환난들 등이다. 사회 안에는 각종 불법이 성행하여 무질서가 예상되고 인간관계에서는 사랑이 식어서 서로 미워하고 갈등하는 일들이 일어날 것이다. 이러한 일들은 역사 속에서 끊임없이 일어났던 일들이지만 재림 때가 가까우면 점점 더 심해진다. 이러한 것들을 성경은 재림의 징조라고 전하고 있다. 누가복음 21장 11절에 '곳곳에 큰 지진과 기근과 전염병이 있겠고 또 무서운 일과 하늘로부터 큰 징조들이 있으리라.'고 재림 전 있을 여러 징조에 대해 기록하고 있다. 또한 마태복음 24장 3절과 7~8절의 말씀에는 '주의 임하심과 세상 끝에는 무슨 징조가 있사오리이까? ― 중략 ― 민족이 민족을 나라가 나라를 대적하여 일어나겠고 처처에 기근이 있으리니 이 모든 것이 재난의 시작이라.' 고 재림 전 나타날 징조에 대해 기록하고 있다.

다섯째, 전 세계 모든 족속들에게 예수 그리스도의 복음이 전파된 이후에 재림이 올 것이라는 것이다. 마태복음 24장 14절의 말씀을 보면 '이 천국 복음이 모든 민족에게 증언되기 위하여 온 세상에 전파되리니 그제야 끝이 오리라.' 고 예수님은 세상의 끝 즉, 재림의 시기에 대해 설명해 주고 있다. 재림은 온 세상에 기독교 복음이 모두 전해진 후 이루어진다. 그렇다면 현재 복음은 어느 정도 전파되었는가? 기독교는 아직 복음이 전해지지 않은 민족을 미전도종족이라고 부르고 있는데 현재 미전도종족 수는 약 6,000개로 보고 있다. 기독교 학자들은 아마도 2020년 쯤에는 지구촌에 미전도종족의 상당수가 사라질 가능성이 높다고 전망하고 있다. 이러한 전망은 현재 진행되고 있는 선교의 속도를 예상하여 짐작한 데이터이다. 대략 2020년 정도에는 지구 상의 모든 종족들에게 복음이 전파될 것이고 그 이후에야 재림이 온다는 말이다. 2020년에 재림이 된다는 말이 아니라 아마도 이 시기 이후 언젠가는 재림이 될 것이라는 뜻이다.

이상 다섯 가지의 재림에 대한 공통된 의견들을 정리하였다. 재림은 아직 이루어지지 않은 미래에 일어날 일이다. 예수님은 미래 어느 시점에 반드시 다시 이 땅에 오실 것이다. 예수님이 오시기 전 이 땅에는 수많은 징조들이 있을 것이고 그러한 징조 이후에 홀연히 아무도 모르게 재림은 이루어질 것이다. 기독교는 재림이 언제 임할지 모르기 때문에 깨어 있으라고 권고하고 있다. 준비하라는 말이다. 신앙생활을 잘 하여 언제든지 예수님이 다시 오실 때 곤란하지 않으라는 말씀이다.

그렇다면 재림의 모습은 어떠할까? 예수님이 다시 오실 때 어떤 모습으로 재림하실까? 많은 사람들은 재림이 어떻게 진행되는지 궁금해하고 있다. 이러한 궁금함에 성경은 단호하게 해답을 말해주고 있다. 예수님은 천사들의 호위와 함께 공중에 재림하게 된다. 여기서 공중이란, 하늘이라는 뜻인데, 예수님은 지상에 내려오지 않고 공중에 재림의 모습을 보이게 된다. 이것을 '공중 재림'이라고 한다. 공중에서 재림하게 되면 모든 사람들이 눈으로 똑똑히 볼 수 있게 된다. 즉, 모든 사람들이 예수님의 재림을 보게 된다.

이렇게 공중에서 예수님이 재림하면 죽은 자들 즉, 예수님을 믿고 먼저 죽은 사람들이 새로운 형체로 다시 일어나 공중으로 올라가게 되고 그 후 살아 있는 그리스도인들이 구름 속으로 올라가 공중에서 예수님을 맞이하게 된다. 모든 그리스도인들이 하늘로 들려 올라가면 그 후 영원히 주님과 함께 살게 된다.

| 예수님의 재림과 관련된 성경구절들 |

● 데살로니가전서 4:16~17

'주께서 호령과 천사장의 소리와 하나님의 나팔로 친히 하늘로 좇아 강림하시리니 그리스도 안에서 죽은 자들이 먼저 일어나고 그 후에 우리 살아남은 자도 저희와 함께 구름 속으로 끌어 올려 공중에서 주를 영접하게 하시리니 그리하여 우리가 항상 주와 함께 있으리라.'

● 고린도전서 15:51~53

'보라 내가 너희에게 비밀을 말하노니 우리가 다 잠잘 것이 아니요. 마지막 나팔에 순식간에 홀연히 다 변화하리니 나팔 소리가 나매 죽은 자들이 썩지 아니할 것으로 다시 살고 우리도 변화하리라. 이 썩을 것이 불가불 썩지 아니할 것을 입겠고 이 죽을 것이 죽지 아니함을 입으리로다.'

● 데살로니가전서 4:16~17

'주께서 호령과 천사장의 소리와 하나님의 나팔로 친히 하늘로 좇아 강림하시리니 그리스도 안에서 죽은 자들이 먼저 일어나고 그 후에 우리 살아남은 자도 저희와 함께 구름 속으로 끌어 올려 공중에서 주를 영접하게 하시리니. 그리하여 우리가 항상 주와 함께 있으리라.'

● 마태복음 24:30~31

'그때에 인자의 징조가 하늘에서 보이겠고 그때에 땅의 모든 족속들이 통곡하며 그들이 인자가 구름을 타고 능력과 큰 영광으로 오는 것을 보리라. 저가 큰 나팔 소리와 함께 천사들을 보내리니 저희가 그 택하신 자들을 하늘 이 끝에서 저 끝까지 사방에서 모으리라.'

● 요한계시록 1:7

'볼지어다. 구름을 타고 오시리라. 각인의 눈이 그를 보겠고 그를 찌른 자들도 볼 터이요 땅에 있는 모든 족속이 그를 인하여 애곡하리니 그러하리라. 아멘.'

우리는 흔히 길거리에서 또는 전철 안에서 기독교의 진리를 전하는 사람들을 만나곤 한다. 아마도 그들이 외치는 '예수 믿고 구원받으세요!' 라는 말을 한 번쯤 들어 보지 않은 사람은 없을 것이다. 그만큼 '구원' 이라는 말은 한국 사람들에게 익숙한 단어이다. 그런데 정작 구원이 무엇인지 구원의 의미에 대해 정확한 이해를 갖고 있는 사람은 생각보다 드물다. 심지어 교회에 다니고 있는 기독인들 가운데서도 구원을 잘 이해하지 못한 채, 신앙생활을 하고 있는 경우도 있다. 교회를 다니지 않는 사람들이 구원을 이해하지 못하는 것은 이해할 수 있지만 교회를 다니는 사람들이 구원의 의미를 이해하지 못하는 것은 이해하기 어려울 뿐 아니라 매우 곤란한 문제라고 생각된다. 하지만 이러한 곤란한 경우를 교회에서 종종 경험한다. 교회를 다니기는 하지만 가장 기본적인 것을 모르고 다니는 것인데, 이런 사람은 교회는 다녀도 진정한 그리스도인이라고는 할 수 없다. 이처럼 구원은 기독교에서 가장 기본이 되는 개념이므로 기독교인이라면 반드시 구원을 이해해야만 하기 때문이다. 그렇다면 구원이란 무엇인가?

구원이란, 예수 그리스도를 믿고 그분을 마음에 영접함으로써 영원한 생명을 얻게 되는 것을 말한다. 아담과 하와가 지은 죄 즉, 원죄를 해결하기 위해 예수 그리스도께서 십자가에 못 박혀 죽으시고 사흘만에 부활하신 것을 믿고 마음에 영접하면 원죄가 모두 사라지게 되며 죽음 이후에 천국에 가게 되는 것을 구원이라고 한다. 예수님은 원죄를 해결하기 위해서 이 땅에 오신 분이다. 모든 인류에게 유전되어 내려오는 원죄를 혼자 해결하기 위해 십자가에서 못 박혀 죽으셨다. 이 사실을 믿고 예수 그리스도를 마음에 영접하면 원죄는 자동적으로 사라져서 완전히 없어진다. 예수님을 영접함으로써 원죄가 해결되면 지옥에 가지 않는다. 예수님을 영접하면 하나님의 나라에 갈 수 있게 된다는 것이다. 하나님의 나라에 가게 되는 것 그것을 구원이라고 한다. 원죄가 있으면 본인이 원하든 아니든 사후에 지옥이라는 곳으로 가야 한다. 그런데 원죄가 더 이상 없다면 지옥에 가는 원인이 사라지게 돼 천국에 갈 수 있다. 지옥에 가도록 되어 있었던 원인이 제거되고 천국에 가는 특권을 받는 것, 이것을 기독교에서는 구원이라고 말하며 흔히 '구원받았다' 고 표현한다.

구원은 오직 예수 그리스도 한 분으로만 가능하다. 지옥에서 천국으로 갈 수 있는 방법은 오직 한 가지밖에 없으며 그 방법은 바로, 마음에 예수님을 영접하는 것이다. 사람들은 선하게 사는 것으로써 죄를 없애려고 한다. 불쌍한 사람들을 돌보며 구제하는 생활을 통해 천국에 가려 한다. 또는 다른 방법으로 학식을 쌓아서 죄를 해결하려 한다. 그러나 선한 행위나 높은 학력을 쌓는 것 그리고 부유함이나 그 어떤 것도 원죄를 해결할 수는 없다. 오직 예수님 한 분만이 해결할 수 있는 유일한 분이다. 그렇다면 누가 구원을 받을 수 있는가? 구원을 받을 자격은 따로 있는가? 성경은 누구든지 구원을 받을 수 있다고 말하고 있다. 인종이나 나이를 불문하고 가난한 사람이든 부자든, 흉악한 범죄를 저지른 범죄자도 구원을 받을 수 있다. 성경은 구원받을 수 있는 사람을 제한하지 않고 누구든지 구원받을 수 있다고 말한다. 누구든지 예수 그리스도를 믿고 마음에 그분을 영접하면 구원을 받을 수 있다. 성경말씀을 살펴보자.

위 성경구절의 말씀을 보면 누구든지 마음의 문을 열면 예수님은 그에게도 들어
간다고 했는데, 이것을 영접이라고 한다. 영접은 마음을 열고 예수님을 마음속에 모
셔 들이는 기도를 드리는 것을 말한다. 예수님을 영접하는 사람 즉, 예수님을 믿는
사람은 구원을 받을 뿐만 아니라 하나님의 자녀가 되는 권세까지 받을 수 있다고 말
씀하고 있다. 하나님의 자녀가 되는 권세를 받는 것, 즉 하나님의 자녀가 되는 것이
구원받는 것이다. 예수님을 영접하게 되면 원죄가 사라지고 동시에 하나님의 자녀
가 되는 자격까지 부여받게 된다. 하나님이 아버지가 되는 것이고 영접한 사람은 자
녀가 된다. 기독교는 하나님과 기독교인과의 관계를 아버지와 자녀의 관계로 여긴
다. 이 얼마나 아름다운 관계인가! 하나님의 자녀가 되면 하나님께 기도할 수 있는
특권을 부여받게 된다. 자녀가 부모에게 편하게 대화하며 자신의 필요를 요구하듯
하나님의 자녀인 그리스도인들 역시 하나님께 자신의 필요를 기도를 통하여 말씀드
릴 수 있다. 이것을 기도라고 한다. 예수님은 누구든지 기도할 수 있고 그 기도에 응
답받을 수 있음을 말씀하셨다.

위 두 성경말씀을 통해서 예수님을 영접한 사람들은 누구든지 하나님께 예수님의 이름으로 기도할 수 있음을 알 수 있다.

1 구원은 선택이다.

누구든지 구원받을 수 있다. 즉, 누구든지 예수님을 믿고 영접할 수 있는 자격이 있다는 것이다. 이미 오래 전 예수님은 십자가에서 죽음으로써 원죄를 해결했기 때문에 누구든지 이 사실을 믿고 예수님을 영접하면 원죄를 사함 받고 구원받을 수 있다. 그런데 여기서 중요한 사실은 예수님이 이미 원죄를 사하기 위해 십자가에서 죽었다고 해서 모든 사람이 자동적으로 구원을 받는 것은 아니라는 것이다. 즉, 예수님이 이미 원죄를 사해 주기 위해 죽었지만 그로 인해 모든 사람의 원죄가 자동 소멸되는 것은 아니라는 뜻이다. 구원은 예수님의 십자가 죽음을 믿고 스스로 구원받기 위하여 마음을 열고 예수님을 영접하는 사람에게만 주어지는 것이다. 하나님은 강제로 사람의 마음을 여시지 않으며 마음을 열고 영접하는 것을 모든 사람들에게 맡기셨다. 따라서 구원의 필요성을 알고 스스로 결정해서 예수님을 영접하는 사람들만이 구원받을 수 있다. 이미 원죄를 해결하는 사건이 있었지만 영접하는 사람들에게만 구원의 기회가 주어진다. 이것이 구원의 선택이다. 예수님의 십자가 죽음을 알지 못한다면 안타깝지만 구원을 위한 영접을 할 수 없고, 그러면 원죄가 그대로 남게 되어 지옥에 간다. 그렇기 때문에 예수님의 십자가 죽음을 많은 사람들에게 알려야 한다. 그래야 구원받기 위해 예수님을 영접할 수 있다. 지금도 예수님을 영접하지 않은 사람들이 많이 있다. 이들은 예수님의 이름을 한두 번 들어본 적이 있거나 아직도 예수님의 이름을 한 번도 들어보지 못한 사람들이다. 예수님의 이름을 들어는 보았지만 영접하지 않아서 아직도 그들에게는 원죄가 남아 있다. 그리스도인들은 이러한 사람들에게 예수님이 왜 십자가에서 죽으셨는지 설명해 줘야 할 의무가 있다. 나아가, 예수님을 한 번도 들어보지 못한 사람들을 찾아가 예수님을 들려주어야 한다. 그리고 예수님을 마음에 영접할 수 있도록 도와줘야 한다. 전 세계에 수많은 선교사들이 해외에 나가 있다. 왜 선교사들이 해외로 나가는가? 바로 예수님의 십자가 죽음을 소개하고 예수님을 영접시켜 구원을 받게 하기 위함이 첫 번째 목적이다. 아직도 지구 상에는 예수님을 알지 못하고 죽는 사람들이 많이 있다. 그들은 모두 구원을 받지 못하고 죽기 때문에 안타깝게도 지옥에 가게 된다. 지구 상에는 많은 종교들이 있고 기독교가 아닌 다른 종교를 믿고 있는 사람들도 많은데, 그들에게 예수님을 전하기는 쉽지 않은 일이다. 이슬람의 경우 개종하면 가족에서 쫓김을 당하게 될 뿐만 아니라 심지어는 죽임을 당하기까지 한다. 게다가, 기독교를 전하는 외국인들을 강제 추방하기도 하지만 그럼에도 불구하고 선교사들은 위험을 무릅쓰고 예수님을 전하고 있다. 왜 선교사들이 신변의 위험을 무릅쓰고 예수님을 전하려고 하는가? 그 이유는 간단하다. 예수님을 영접하지 않으면 구원을 받지 못하게 되고 죽어서는 지옥에 가기 때문이다. 타 종교를 믿는 사람들도 구원받게 하기 위하여 오늘도 선교사들이 애쓰고 있다.

구원은 선택임을 잘 설명해 주는 이야기를 소개하겠다.

● 지진이야기

바다 한 가운데 외딴 섬이 있었다. 바다로 둘러싸인 작고 아름다운 섬! 섬 주위가 매우 높은 벼랑으로 이루어져 있어서 배들이 정박할 수 없는 특이한 섬이다. 이 섬을 오고 가는 유일한 교통수단은 비행기뿐이다. 이 섬에는 오래 전부터 사람들이 살고 있었다. 평생 섬 바깥을 나가보지 못한 사람들이 대부분이었다. 그 이유는 비행기 표가 매우 비싸기 때문이기도 했고 섬 밖으로 나갈 특별한 이유가 없기 때문이기도 했다. 그러던 어느 날 섬에 위기가 찾아왔다. 갑자기 큰 지진이 섬 근처에 일어나서 섬이 바다 속으로 잠기게 된 것이다. 빨리 섬을 빠져나가야 하는 상황이지만 섬사람들은 꼼짝없이 죽을 수밖에 없는 처지가 되었다. 항공사 직원들은 비행장 전체를 무인 시스템으로 전환시켜 놓고 모두 섬 밖으로 비행기를 타고 탈출했다. 섬 안에 갇힌 사람들은 매우 위험한 상황에 처하게 되었다. 바로 이때 어디선가 방송이 흘러 나왔다.

"여러분~! 저는 제임스라는 사람입니다. 오늘 같은 비상사태를 생각해서 오래 전에

이 섬에 살고 있는 모든 사람들 몫으로 항공사에 비행기 티켓 비용을 이미 지불했습니다. 예약자의 이름을 물으면 제임스라고 대답하십시오. 그러면 티켓을 줄 것입니다. 그러니 제 말을 믿고 어서 비행장으로 가서서 탈출하십시오. 어서 서두르십시오."

사람들은 수군거리기 시작했다. 정말 이 방송의 말이 사실일까 아닐까? 사람들은 크게 두 무리로 나뉘었다. 방송의 말을 듣고 믿는 무리와 거짓말일 것이라고 생각하는 무리였다. 그중 제임스의 말을 믿은 사람들은 모두 항공사로 달려갔다. 반대로, "어느 누가 이렇게 많은 사람들을 위해 비행기 값을 지불할 수 있겠어? 이건 거짓말이 틀림없어. 나쁜 놈!" 이렇게 의심한 사람들은 비행장으로 가지 않았다. 제임스의 방송을 듣고 믿은 사람들은 모두 항공사로 향했다. 항공사에는 직원들이 모두 탈출했기 때문에 아무도 없었다. 대신 항공사 앞에는 탈출할 사람들을 위해 자세한 안내가 적힌 표시판이 여럿 서 있었다. 표시판에는 이렇게 쓰여 있었다.

"한 사람씩 빨간 버튼을 누른 후 예약자의 이름을 말하십시오."

사람들은 줄을 선 후 한 사람씩 기계 앞으로 다가가서 빨간 버튼을 눌렀다. 기계에서 '예약자의 이름을 말하십시오.' 라는 음성이 들려왔다. '제임스!' 라고 대답을 했다. '예약해 주셔서 감사합니다. 티켓을 받으십시오.' 기계는 잠시 후 삐리릭삐리릭대는 작은 인쇄 소리와 함께 비행기 티켓 한 장을 내 놓았다. 이렇게 비행장을 찾아간 모든 사람들은 질서 있게 한 사람씩 티켓을 받아 들었다. 사람들은 믿을 수 없는 일들이 벌어진 것에 대해 매우 기뻐하며 흥분했다. 시간이 없다. 빨리 비행기를 타야 한다. 사람들은 무인 비행기를 향해 달렸다. 드디어 비행기에 탑승한 모든 사람들은 무사히 섬을 탈출하였다. 그러나 제임스의 말을 믿지 않고 항공사에 가지 않은 사람들은 서서히 침몰되는 섬과 함께 죽음을 맞이하게 되었다.

지진이야기는 구원에 대해 잘 설명해 주는 이야기다. 지진이야기의 줄거리를 요약하면 다음과 같다.

① 섬 주위에 지진이 일어나 죽음의 위기에 놓이게 되었다.

② 제임스는 오래 전 섬사람들을 위해 비행기 티켓 값을 모두 지불했다.

③ 사람들은 제임스의 말을 믿고 항공사에 가야 한다.

④ 항공사에 가서 빨간 버튼을 누른 후 제임스의 이름을 말해야 한다.

⑤ 한 사람이 한 장의 티켓을 구할 수 있다.

⑥ 비행기 티켓을 받고 비행기를 타고 탈출한다.

⑦ 제임스의 말을 믿지 않고 항공사에 가지 않은 모든 사람들은 죽었다.

| 7가지 요약의 의미는 무엇인가? |

① 섬 주위에 지진이 일어나 죽음의 위기에 놓이게 되었다.

갑자기 일어난 지진은 인생에 돌연히 찾아오는 죽음을 의미한다. 인간은 태어난 후 반드시 죽는다. 하지만 죽음의 시기는 아무도 예측할 수 없다.

② 제임스는 오래 전 섬사람들을 위해 비행기 티켓 값을 모두 지불했다.

제임스는 예수 그리스도를 상징한다. 오래 전 섬사람들을 위해 비행기 티켓 값을 지불한 것은 예수님이 십자가에서 죽음으로 인류의 원죄를 모두 해결한 것을 의미한다. 섬사람들에게는 섬 밖으로 나갈 수 있는 대가가 이미 지불된 것처럼 인간 안에 흘러 내려오는 원죄를 해결하기 위한 대가도 이미 오래 전 예수님의 십자가를 통해 지불된 것이다. 섬사람들을 위해 비행기 티켓 값이 이미 지불되었지만 아직 티켓을 손에 쥔 것은 아니다. 예수님이 십자가에서 죽으심으로 원죄를 모두 해결하였지만 아직은 원죄를 해결받은 것은 아니다.

③ 사람들은 제임스의 말을 믿고 항공사에 가야 한다.

사람들이 제임스의 말을 듣는다는 것은 예수님이 십자가에서 원죄를 해결하기 위하여 죽은 소식을 듣는 것을 의미한다. 구원을 받기 위해서는 예수님의 십자가 죽음에 대한 전반적인 이야기를 반드시 듣고 깨달아야 한다.

사람들은 제임스의 말을 듣고 그의 말을 믿었다. 예수님의 십자가 죽음에 대한 소식을 듣고 난 후 이 사실을 믿어야 한다. 이것을 믿음이라고 한다. 사람들이 제임스의 말을 믿은 것처럼 예수님이 나의 죄를 위해 십자가에서 죽었음을 반드시 믿어야 한다.

사람들은 항공사에 가야 한다. 현재 비행기의 티켓은 손에 없다. 비행장에 가야만 얻을 수 있다. 비행기 티켓 값이 이미 지불되어 있으나 아직 받은 것은 아니다. 비행기를 타려면 티켓을 받아야 한다. 이것은 구원을 받기 위해서는 스스로의 선택이 있어야 한다는 의미이다. 구원은 남이 주는 것을 받는 것이 아니다. 반드시 본인이 구원을 받고자 결정해야 한다. 항공사로 가는 것은 바로 구원을 받기로 결정하는 것을 의미한다.

④ 항공사에 가서 빨간 버튼을 누른 후 제임스의 이름을 말해야 한다.

비행장에 도착했지만 아직 티켓을 받은 것은 아니다. 과정이 남아 있다. 빨간 버튼을 눌러야 한다. 빨간 버튼을 누르는 것은 구원받기로 결정한 것을 표시하는 행위로서 예수님을 마음에 영접하기 위해 기도드리는 것을 의미한다. 영접은 기도를 통해서 할 수 있다.

무인 시스템에서 예약자의 이름을 대라는 음성이 들렸다. 사람들은 제임스라고 말했다. 시스템은 제임스의 이름을 인식하고 그 다음 단계로 넘어갔다. 구원은 오직 예수 그리스도 한 분만이 할 수 있다. 이 땅의 다른 것으로는 구원을 받을 수 없다. 제임스는 예수님을 상징하고 있다.

⑤ 한 사람이 한 장의 티켓을 구할 수 있다.

비행기 티켓은 한 사람이 한 장밖에는 구할 수 없다. 한 사람이 다른 사람의 티켓까지 구해 줄 수 없다. 구원이란 본인이 스스로 결정하는 것이기에 자신만 구원받을 수 있다. 다른 사람이 기도했기 때문에 구원받을 수는 없다. 구원은 개인적인 것이다.

⑥ 비행기 티켓을 받고 비행기를 타고 탈출한다.

티켓을 받은 사람들은 비행기를 타고 탈출할 수 있다. 죽음에서 구원받을 수 있다. 티켓을 받은 것은 천국에 갈 수 있는 자격을 얻게 된 것을 의미한다. 언젠가 죽음을 맞이하게 되면 천국에 가게 된다. 티켓은 자격을 의미한다. 예수 그리스도를 영접한 사람은 천국에 들어가는 자격을 얻게 된다. 물론 원죄도 사함 받게 된다. 영접하는 순간 원죄는 모두 사라진다. 어두운 방에 전기 스위치를 넣으면 환한 불이

켜져 순식간에 캄캄한 어둠이 사라져 버리는 것처럼 원죄 또한 예수님을 영접하는 순간 사라져 버린다. 원죄가 사라지면 지옥에 가지 않으며 갈 수도 없다. 지옥에 갈 원인이 모두 사라졌기 때문이다. 대신 예수님이 마음속에 계시기 때문에 천국에 갈 수 있게 된다.

⑦ 제임스의 말을 믿지 않고 항공사에 가지 않은 모든 사람들은 죽었다.

예수님이 십자가에서 죄를 사하기 위해 못 박혀 죽은 사실을 믿지 않으면 죽은 후 지옥에 가게 된다는 의미이다. 구원은 자신이 선택해야 한다. 믿기로 결정하고 마음을 열어 예수님을 영접하는 것이 인생에서 가장 가치 있는 선택이다.

이상 지진이야기의 의미를 깊이 있게 살펴보았다.

결론적으로, 구원이란 예수 믿고 천국 가는 자격을 얻는 것이라고 간단하게 요약할 수 있다. 이처럼 구원에 이르는 방법 전체 이야기를 기독교에서는 '복음' 이라고 부른다. 복음은 구원을 얻을 수 있도록 전파되는 이야기다.

4. 예수님을 영접하는 순서

예수님을 영접하는 것은 구원받기 위해 반드시 거쳐야 하는 과정이다. 구원은 예수님을 영접할 때 동시에 일어나는 현상이다. 예수님을 영접하는 방법은 무엇인가?

첫째, 원죄는 무엇이며 원죄의 특징은 무엇인가에 대한 이해를 가져야 한다. 두 번째, 원죄는 나에게 어떤 영향을 주고 있는지 깨달아야 한다. 원죄가 내 안에 있다면 죽음 이후 지옥에 가게 되고 원죄가 사라지면 천국에 들어갈 수 있음을 알아야 한다. 세 번째, 원죄를 해결하기 위한 유일한 방법인 예수님이 어떤 분인지 알아야 한다. 예수님이 십자가에서 원죄를 해결하기 위하여 십자가에서 못 박혀 죽임을 당하신 것을 믿어야 한다. 네 번째, 예수님을 믿고 예수님을 자신의 마음에 영접하는 기도를 드려야 한다. 이렇게 네 단계를 거치면 구원을 받게 된다. 구원을 받게 되면 하나님의 자녀가 되며 하나님의 자녀로서의 새로운 삶을 살게 된다.

● 예수님을 영접하는 기도의 예문

하나님 아버지! 저는 죄인입니다. 제 안에 원죄가 있음을 고백합니다. 또한 원죄로 말미암아 저는 많은 죄를 지었습니다. 저의 죄를 뉘우치고 돌이키기 원하며 새 삶을 살기 원합니다. 예수님께서 저의 죄를 대신하여 십자가에서 죽으시고 다시 부활하신 것을 믿습니다. 이 시간에 마음을 열고 예수님을 나의 구주로 모셔드립니다. 영접하오니 제 속에 들어오셔서 제 삶을 다스려 주시고 하나님의 자녀로서 살 수 있도록 인도하여 주옵소서. 예수님의 이름으로 기도드립니다. 아멘

4

교회란 무엇인가?

1. 교회는 무엇인가?

교회는 건물로서 예수님을 믿는 사람들이 모여 예배드리는 장소를 말한다. 교회는 하나님께 부르심을 입어 예수를 구주로 믿는 성도의 집합체를 의미한다. 따라서 예수님을 믿고 구원받은 사람 한 사람 한 사람을 교회라고 한다. 그리고 이러한 사람들이 함께 모여 예배를 드리고 기도를 드리기 위해 만들어진 공간이나 건물도 교회다. 이처럼 건물도 교회지만 진정한 교회는 그리스도인들을 의미한다.

2. 교회에서는 무엇을 하는가?

매주 일요일이면 그리스도인들은 교회에 나가서 예배를 드리고 각종 기독교 모임을 갖는다. 따라서 교회에서는 주로 예배를 드리고 성경 공부와 기도회를 갖거나 그리스도인들끼리 교제하는 모임도 갖는다. 예수님을 믿고 구원받은 그리스도인들은 교회에 나가 신앙의 성숙을 위해 예배를 드려야 한다. 그리고 그리스도인으로서 어떻게 살아야 할지 배우기 위해 성경공부도 해야 한다. 성경 공부는 성경에 기록한 말씀의 내용을 좀 더 구체적으로 배우기 위하여 행해진다. 물론 개인적으로 성경말씀을 읽으면서 깨달을 수도 있지만 부족할 수 있다. 이럴 땐 교회에 나가 목회자나 잘 훈련된 분들을 통해 좀 더 깊은 교리나 말씀에 대해 가르침을 받는 것이 효과적이다.

1 예배

예배는 하나님을 높이는 총체적인 행위를 예배라고 하며 정해진 순서에 따라 진행된다. 교회마다 예배 순서에는 약간의 차이가 있지만 대부분 공통되는 순서는 기도, 찬송, 설교, 헌금, 광고 등의 순서를 통해 하나님께 경배하고 예배를 드린다. 교회에 따라 더 많은 순서를 첨가하거나 간략하게 드리는 경우도 있다. 보통 1시간 전후로 모든 순서를 진행하며 예배 후에는 교회에 따라 식사를 함께 하기도 한다.

2 기도

  기도는 하나님과 대화하는 것을 말한다. 그리스도인들은 하나님께 자신의 필요를 구하거나 교회에서 해야 할 일들이 하나님의 도움으로 잘 이루어질 수 있도록 기도한다. 하나님은 그리스도인들에게 기도할 수 있는 특권을 주셨다. 그리스도인들은 무엇이든 구할 수 있고 하나님께서는 그리스도인들의 기도에 응답해 주신다. 교회에는 새벽에 기도하는 새벽기도회도 있고 언제든 기도할 수 있도록 기도실을 마련해 놓은 곳도 있다. 그리스도인들은 삶에 어려움을 겪을 때 그 어려움을 극복할 수 있도록 도움을 요청하기 위해 기도를 드린다. 기도를 드리면 하나님께서 도우실 것이라는 믿음이 일어나게 되어 좌절하거나 낙망하지 않고 모든 어려운 상황을 극복해나갈 수 있는 힘이 생긴다. 이처럼 그리스도인들에게 기도란 매우 중요하다. 하나님은 기도를 통해서 응답하시는 분이기 때문이다. 나라와 민족을 위해서도 기도하며 가정의 평안을 위해서도 기도한다. 나아가, 자신의 믿음 생활을 위해서도 기도한다. 기도하면 하나님께서 도우시기 때문에 그리스도인들은 기도에 심혈을 기울여야 한다. 샤머니즘적인 신앙으로의 기도가 아니라 하나님을 신뢰하고 믿음으로써 기도를 드린다. 시간을 많이 내서 기도해야만 하나님께서 응답하신다는 생각은 진정한 믿음이 아니다. 하나님은 긴 시간 동안 기도했기 때문에 응답하시기보다는 하나님을 의지하는 믿음을 보시고 응답을 하시기 때문이다. 또한 기도 제목 모두에 다 응답하시진 않는다. 그러므로 내가 드린 기도는 모두 응답받아야 한다는 생각은 잘못된 것이다. 응답은 하나님께서 결정하실 영역이므로 혹여 기도한 내용대로 이루어지지 않을지라도 하나님을 향해 원망이나 불평을 해서는 안 된다. 나아가, 자신의 기도가 부족해서 응답이 되지 않았다고 자신을 비하해서도 안 된다. 믿음이 부족해서 기도를 들어주지 않았다고 생각할 수 있지만 그것은 잘못된 생각이다. 하나님은 우리의 모든 기도에 귀를 기울이시며 응답해 주시려고 하신다. 하지만 그 영역은 하나님께 달려 있다.

기도의 응답은 두 종류로 나누어 볼 수 있다.

① 기도한 그대로 이루어지는 응답

자신이 기도한 내용처럼 하나님께서 그대로 행해 주신 경우에 해당된다. 이럴 때는 상황이 변화되어 자신에게 유익하게 되는 응답이다. 대다수의 그리스도인들은 기도할 때 이러한 응답을 기대한다. 자신의 기도대로 이루어지길 소망한다. 그러나 앞에서 말한 것처럼 모든 기도가 이렇게 이루어지지는 않을 수도 있다는 것을 명심해야 한다.

② 기도한 대로 이루어지지 않는 응답

기도한 대로 이루어지지 않는 경우이다. 하나님께서 능력이 없으셔서 이루어 주시지 않은 것이 아니다. 기도자의 믿음이 부족해서도 아니다. 다만 하나님께서 당장 이루어 주지 않을 뿐이다. 대개 이런 경우에 기도자가 상황을 바라보는 가치관이나 생각의 변화로 응답되는 경우가 있다. 매우 힘든 상황일지라도 그 상황을 대하는 기도자의 마음과 생각이 평안하고 감사하게 바뀌는 것을 말한다. 상황은 예전과 동일하지만 그것을 접하는 기도자의 태도가 새로워지는 것을 말한다. 분명 기도는 이루어지지 않았지만 기도자는 예전과 달리 변해 있는 것이다. 비록 하나님께서 자신의 기도에 응답하지 않으셨지만 하나님을 향한 믿음이 변하지 않고 더 큰 믿음으로 성장하는 기회가 될 수 있다. 성숙한 그리스도인들은 이러한 모습을 많이 보인다. 기도가 응답되지 않아도 불평하지 않고 원망하지 않는다. 끝까지 하나님을 향한 신뢰의 마음을 유지하며 상황을 극복해나간다. 어찌 보면 기도대로 응답되는 것보다 더 놀라운 결과라고 할 수 있다. 기도하는 사람이 버려야 할 것은 자신의 기도대로 상황이 바뀌어야 한다는 생각이다. 이것은 교만이고 잘못된 생각이다. 즉, 자신의 기도가 응답되지 않더라도 실망하지 말고 믿음을 지켜나가도록 하는 것이 기도자가 갖추어야 할 마음자세이다.

3 찬송

예배에서 빠질 수 없는 것이 찬송이다. 찬양이라고도 부르는데 찬송가와 복음성가 그리고 CCM이 찬양에 속한다. 찬송가는 성경책과 함께 실려 있는 곡으로서 해외에서 불리는 곡들을 번역하여 사용하는 것이 많다. 이에 반해, 복음성가나 CCM은 한국 사람에 의해 작사 작곡된 곡이 많고 CCM 가운데는 해외에서 불리는 곡을 번역한 것도 많다. 교회 예배에서는 주로 찬송가에 있는 찬양을 많이 부른다. 특히 40대 전후 세대들에겐 찬송가가 익숙해 있다. 하지만 청년들과 중고등 학생들은 찬송가 곡조가 잘 맞지 않아 복음성가나 CCM을 많이 선호하기도 한다.

찬송가는 하나님을 높이는 곡으로서 가사에 따라 몇 가지로 구분된다. 경배찬송은 주로 하나님을 높이는 내용으로서 하나님의 성품이나 하나님이 어떤 분인지에 대해 찬양하는 곡이고 일반찬송은 하나님을 향한 신앙고백이나 믿음 생활에서 유익을 전달하는 내용을 담은 것을 말한다.

4 설교

예배에서 가장 중요한 순서가 설교 시간이다. 설교는 목회자가 맡아서 하고 있으며 하나님의 말씀을 나누는 것을 말한다. 성경말씀 중 한 부분의 성경구절을 본문말씀으로 선택하고 말씀의 제목을 정해서 약 30분 내지 1시간 정도 진행한다. 설교를 통해 하나님의 뜻을 예배에 참석한 그리스도인들에게 전달하는 시간으로서 훈계, 칭찬, 격려, 해야 할 일 등 각양각색의 주제로 말씀을 전하고 있다. 목회자의 설교 말씀은 하나님께서 목회자의 입술을 통해 전달하는 말씀으로 인식하고 있어서 그리스도인들은 설교 말씀을 경청하려고 하며 설교 말씀을 통하여 자신의 모습을 돌아보거나 위로와 힘을 얻고 하나님의 말씀대로 살려고 노력하게 된다.

5 헌금

하나님의 도우심에 감사하기 위하여 드리는 것을 헌금이라고 한다. 헌금을 많이 드린다고 해서 복을 많이 받고, 적게 드린다고 해서 복을 적게 받지는 않는다. 헌금은 하나님을 향한 믿음의 표시이고 감사의 마음을 드리는 것이다. 성경말씀에는 물질이 있는 곳에 마음이 있다고 하였다. 이 말씀의 뜻은 물질 즉, 돈에 사람의 마음이 있다는 것으로 하나님께 자신의 삶을 드린다면 마음까지 드려야 함을 표현하기 위하여 헌금을 드린다는 것을 의미하는 것이다. 내가 받은 모든 것들은 하나님께로부터 왔다는 믿음의 고백 차원으로 헌금을 드린다. 헌금에는 대표적인 십일조와 감사헌금이 있다. 십일조는 수입의 1/10을 하나님께 드리는 것인데, 수입의 1/10은 하나님의 것이라고 성경에서 말하고 있고 하나님은 그것을 하나님께 바치라고 말씀하고 계신다. 그리스도인이라면 기본적으로 십일조 생활을 해야 한다. 십일조를 드리면 하나님께서 생활 가운데 많은 복을 내려 주실 것이라고 약속하셨다. 감사헌금은 억지로 드리는 것보다 자원하는 마음으로 하나님께서 주신 은혜에 감사하는 마음으로 드리는 것이다.

부록

선교단체 CCC에서 사용하는

사영리(네 가지 영적 원리)
복음 전도지

제1원리

자연계에 자연 법칙이 있듯이 하나님과 사람 사이에도 영적인 원리가 있습니다.

하나님은 당신을 사랑하시며, 당신을 위한 놀라운 계획을 가지고 계십니다.

하나님의 사랑

● 요한복음 3:16

'하나님이 세상을 이처럼 사랑하사 독생자[예수 그리스도]를 주셨으니 이는 저를 믿는 자마다 멸망치 않고 영생을 얻게 하려 하심이니라고 했습니다.'

● 요한복음 10:10

'예수 그리스도께서 말씀하시기를, 내가 온 것은 양[당신]으로 생명을 얻게 하고 더 풍성히 얻게 하려는 것이라고 하셨습니다.'

제2원리

사람은 죄에 빠져 하나님으로부터 떠나 있습니다. 그러므로 하나님의 사랑과 계획을 알 수 없고, 또 그것을 체험할 수 없습니다.

사람은 죄에 빠져 있습니다

> ● 로마서 3:23
>
> '모든 사람이 죄를 범하였으매 하나님의 영광에 이르지 못하더니"라고 했습니다.'

본래 사람은 하나님과 사귀며 살도록 창조되었습니다. 그런데 사람은 자기 마음대로 살려고 했기 때문에 마침내 하나님과의 사귐은 끊어지고 말았습니다. 하나님 없이 제 마음대로 사는 사람은 적극적일 때는 하나님께 반항하게 되며, 소극적일 때는 하나님에 대하여 무관심하게 되는데 이것이 바로 성경이 말하는 죄의 증거입니다.

사람은 하나님으로부터 떠나 있습니다

● 로마서 6:23

'죄의 삯은 사망'이라고 했습니다.(여기서 사망이란 영적으로 하나님으로부터 떠나

있는 상태를 말합니다.)

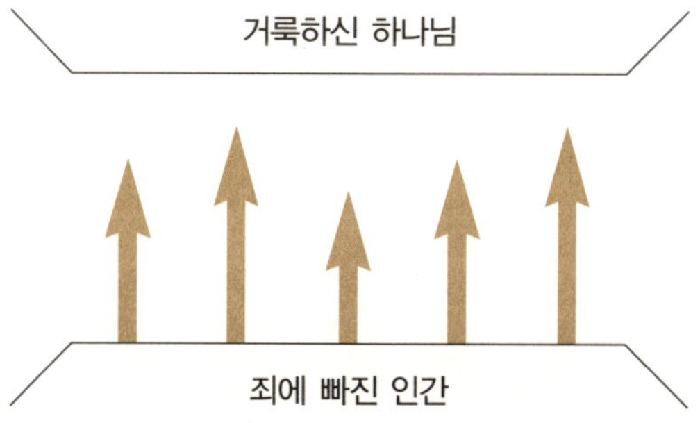

하나님은 거룩하시며 사람은 죄에 빠져 있습니다. 그리하여 이 둘 사이에는 커다란 간격이 생겼습니다. 사람들은 끊임없이 자기 힘으로 선행, 철학, 종교 등을 통해 하나님께 도달하여 풍성한 삶을 누려 보려고 애쓰고 있습니다.

이 간격을 이어주는 유일한 길은 제3원리에서 설명하고 있습니다.

제3원리

예수 그리스도만이 사람의 죄를 해결할 수 있는 하나님의 유일한 길입니다. 당신은 그를 통하여 당신에 대한 하나님의 사랑과 계획을 알게 되며, 또 그것을 체험하게 됩니다.

그는 우리를 대신하여 죽었습니다

> ● 로마서 5:8
>
> '우리가 아직 죄인 되었을 때에 그리스도께서 우리를 위하여 죽으심으로 하나님께서 우리에게 대한 자기의 사랑을 확증하셨느니라고 했습니다.'

그는 또한 죽음에서 살아나셨습니다.

예수 그리스도만이 하나님께 이르는 유일한 길입니다

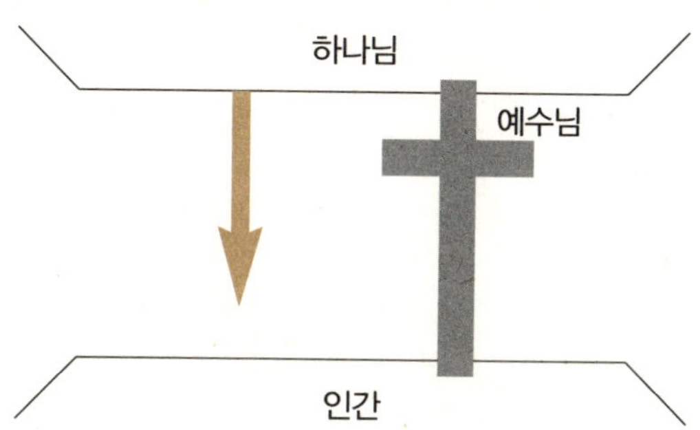

하나님은 그의 아들이신 예수 그리스도를 이 세상에 보내어 우리를 대신하여 십자
가에 죽게 하심으로 우리의 죄값을 담당케 하시고 하나님과 우리 사이에 다리를 놓
아 주셨습니다. 그러나 이상의 세 가지 원리를 아는 것만으로는 충분하지 않습니다.

제4원리

우리 각 사람은 예수 그리스도를 '나의 구주, 나의 하나님' 으로 영접해야 합니다. 그러면 우리는 우리 각 사람에 대한 하나님의 사랑과 계획을 알게 되며, 또 그것을 체험하게 됩니다.

우리는 예수 그리스도를 영접해야 합니다

> ● 요한복음 1:12
>
> '영접하는 자 곧 그 이름을 믿는 자들에게는 하나님의 자녀가 되는 권세를 주셨으니라고 약속했습니다.'

우리는 믿음으로 예수 그리스도를 영접합니다.

● 에베소서 2:8~9

'너희는 그 은혜를 인하여 믿음으로 말미암아 구원을 얻었나니 이것이 너희에게서 난 것이 아니요. 하나님의 선물이라 행위에서 난 것이 아니니 이는 누구든지 자랑치 못하게 함이니라고 했습니다.'

우리는 각자의 초청으로 예수 그리스도를 영접합니다.

● 요한계시록 3:20

'예수 그리스도께서 말씀하시기를, 볼지어다. 내가 문 밖에 서서 두드리노니 누구든지 내 음성을 듣고 문을 열면 내가 그에게로 들어가 그로 더불어 먹고 그는 나로 더불어 먹으리라고 하셨습니다.'

그리스도를 영접한다는 뜻은 나 중심에서 하나님 중심으로 전환하는 것이며, 내 안에 들어오셔서 내 죄를 용서하시고 그분이 원하시는 사람이 되도록 그리스도께 나를 맡기는 것입니다. 예수 그리스도의 말씀에 지적으로 동의한다든가 감정적인 경험만으로는 충분하지 않습니다. 우리는 의지의 행위인 믿음으로 예수 그리스도를 영접합니다.

다음 두 그림은 두 종류의 사람을 나타내고 있습니다.

① 내가 나의 주인인 사람

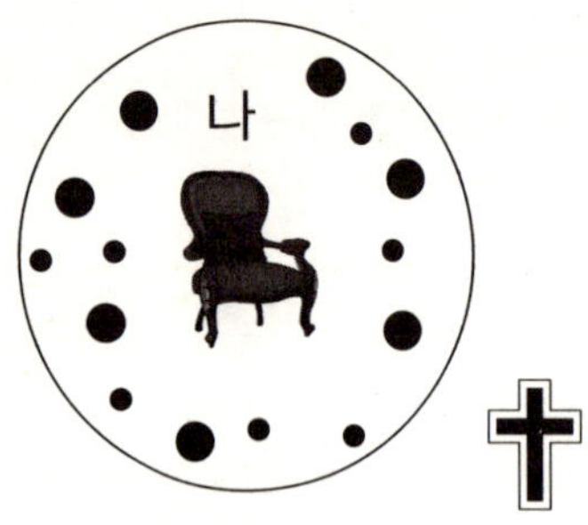

나 – 내 인생의 왕좌에 나 자신이 앉아 있으며 그리스도는 내 인생의 밖에 계십니다. 모든 일을 나 자신이 주관하므로 자주 좌절과 혼란에 빠집니다.

② 예수 그리스도가 나의 주인인 사람

나 – 그리스도가 내 인생의 왕좌에 앉아 계시며 나는 내 인생의 왕좌에서 내려와 모든 것을 그리스도께 맡겼습니다. 모든 일을 그리스도께서 주관하시므로 하나님의 계획과 일치된 생활을 하게 됩니다.

어느 그림이 당신의 삶을 잘 나타내고 있습니까?

또 당신은 어느 그림에 속하게 되기를 원하십니까?

다음은 예수 그리스도를 어떻게 영접하는가를 설명해 줍니다.

당신은 바로 지금 이 자리에서 기도로 그리스도를 영접할 수 있습니다.

(기도는 하나님과 이야기하는 것입니다.)

그리스도께서 당신의 중심에 들어오시도록 간절한 마음으로 기도하십시오. 하나님은 우리의 중심을 알고 계십니다. 그래서 입으로 하는 말보다는 중심의 태도를 보고 싶어 하십니다. 이렇게 기도해 보십시오.

> "주 예수님, 나는 주님을 믿고 싶습니다. 십자가에서 죽으심으로 내 죄값을 담당하시니 감사합니다. 지금 나는 내 마음의 문을 열고 예수님을 나의 구주, 나의 하나님으로 영접합니다. 나의 죄를 용서하시고 영생을 주심을 감사합니다. 나를 다스려 주시고, 나를 주님이 원하시는 사람으로 만들어 주옵소서. 예수님의 이름으로 기도합니다. 아멘."

이 기도가 당신의 마음에 드십니까?

그렇다면 바로 지금 이 기도를 드리십시오. 그러면 예수 그리스도는 그가 약속하신 대로 당신 안에 들어오실 것입니다.

그리스도가 당신 안에 계심을 어떻게 알 수 있을까요?

그리스도를 당신 안에 영접하셨습니까?

이 약속에 의하면, 지금 그리스도는 어느 곳에 계십니까? 그리스도는 당신 안에 들어오시겠다고 약속했습니다. 그가 거짓말을 하실까요? 그러면 무슨 근거로 하나님이 당신의 기도를 들으셨다는 사실을 알 수 있습니까? (하나님 자신과 그의 말씀인 성경의 신실성에 의해하나님은 그의 약속을 반드시 지키십니다.)

성경은 예수 그리스도를 영접하는 모든 사람에게 영원한 생명을 약속하고 있습니다.

예수 그리스도께서 당신 안에 들어오셔서 영원히 떠나지 아니하심을 항상 감사하십시오. 영접한 순간부터 살아 계신 그분은 당신 안에 거하시며 당신은 영원한 생명을 얻었음을 명심하십시오. 하나님은 결코 속이지 않습니다.

감정에 의존하지 마십시오.

우리의 믿음은 하나님과 그의 말씀 곧 성경에 근거하는 것이지 우리 자신의 느낌이나 감정에 근거하는 것이 아닙니다. 그리스도인은 하나님과 그의 말씀을 믿는 믿음으로 사는 것입니다. 특별한 느낌이 있을 수도 있지만 없을지라도 안심하십시오.

이제 당신은 예수 그리스도를 영접했습니다.

당신의 의지의 행위인 믿음으로 그리스도를 영접한 결과, 다음 몇 가지를 비롯하여 많은 일들이 일어났습니다.

1. 예수 그리스도께서 당신 안에 들어와 계십니다.(요한계시록 3:20; 골로새서 1:27)

2. 당신의 모든 죄는 사함을 받았습니다.(골로새서 1:14)

3. 당신은 하나님의 자녀가 되었습니다.(요한복음 1:12)

4. 당신은 영원한 생명을 얻었습니다.(요한복음 5:24)

5. 하나님께서 예비하신 풍성한 새 삶이 시작되었습니다.(요한복음 10:10; 고린도후서 5:17)

당신의 생애에서 예수 그리스도를 영접한 것보다 더 놀라운 일이 있을까요? 바로 지금 하나님께서 당신을 위해 행하신 일에 대해 감사하는 기도를 드리시겠습니까? 감사는 믿음의 표현입니다. (데살로니가전서 5:18)

(발췌: CCC 한국대학생선교회 홈페이지)

| 저자 |

유기연 목사

목원대학교 신학과를 졸업하고 감리교신학대학 선교대학원을 거쳐
백석대학교 상담대학원에서 상담학 석사학위를 받았고,
현재 동 대학 기독교전문대학원 기독교상담학 박사과정에 있다.
여러 지역교회에서 활발한 목회활동을 펼쳤으며
현재는 안산공과대학 채플 담당 교양과 교수로 재직 중이다

알기쉬운 기독교 이해

초판인쇄 · 2010년 3월 10일
초판발행 · 2010년 3월 15일

저 자 · 유기연
발 행 인 · 김호석
발 행 처 · 도서출판 대가
등 록 · 제 311-47호
주 소 · 서울시 마포구 상수동 6-1 대한실업빌딩 301호
전 화 · 02-305-0210, 02-306-0210
팩 스 · 02-305-0224
E-mai · dga1023@hanmail.net
Homepage · www.bookdaega.com

I S B N · 978-89-6285-033-8 03230
정 가 · 16,000원